昭和未解決事件史

別冊宝島編集部 編

宝島
SUGOI
文庫

宝島社

はじめに

本書は昭和未解決事件史ではあるが、掲載している未解決事件は第二次世界大戦終戦前後から世紀末ギリギリの1999年までを対象にしている。

戦前にも未解決事件はあるが、国の体制が違っていた。警察の捜査も自白が中心で、統計的にも問題があり、昭和であっても戦前は外し、戦中も、1944年の横浜事件だけ掲載している。さらに、1999年まで未解決事件を載せているのは、昭和の影響が1990年代にも色濃く残っていたからだ。

昭和は1989年には終わっているが、昭和に始まったバブルの崩壊は平成に入った1992年である。また、昭和末期に始まった社会主義国の崩壊が、目に見える形になったのは平成に入ってからだった。

ベルリンの壁崩壊が1989年、ソ連邦の崩壊が1991年である。それにつれて、犯罪の質も少しずつ変わっていった。1991年には「悪魔の詩」殺人事件が起こっており、1994年には「住友銀行支店長射殺事件」が、1995年にはオウム真理教の犯行と疑われた「国松警察庁長官狙撃事件」が起きている。「悪魔の詩」はイスラムの教典に関わる事であり、ソ連の崩壊がもたらしたイスラム勢力の伸長が大きく影響している。オウム真理教の隆盛もソ連の崩壊にともなうマルクス主義の衰退が大きく関係している。若者の心をとらえていたマルクス主義が衰退し、そのかわりにオウム真理教の教義が若者の心を捉えたからだ。「住友銀行支店長射殺事件」はバブルに踊った日本社会の闇深い殺人事件である。

昭和の狂乱の後始末をしたのが1990年代だったといえるだろう。

令和に入ってコロナ禍になり重要犯罪（殺人、強盗、強姦、略取誘拐・人質売買、強制わいせつなど）の検挙率は驚異の9割を超えていた。しかし、コロナ禍が終わって、重要犯罪も増え、検挙率も8割台前半に落ちている。未解決事件が増える傾向にあるのだ。

昭和の未解決事件を分析・検証することで、令和に起こる犯罪の解決につながれば幸いである。

別冊宝島編集部

第二章
戦中・戦後から50年代の未解決事件

第三章 60年代・70年代の未解決事件

第四章 80年代から世紀末までの未解決事件

若者を魅了する街に潜む
〝甘い言葉〟と〝危険な毒牙〟……185
歌舞伎町・ディスコ
殺人事件［1982／6／6］

あと一歩で首相だった男が死を選んだ「謎」……188
中川一郎代議士
怪死事件［1983／1／9］

缶ジュースの飲み方を変えた〝毒入り〟飲料……190
パラコート
殺人事件［1985／4／30～11／24］

用済みの子供は即殺害……
誘拐犯の〝残忍性〟……192
群馬・功明ちゃん
誘拐殺人事件［1987／9／14］

胎児を引きずり出し妊婦を殺した〝狂気〟……195
名古屋妊婦
切り裂き事件［1988／3／18］

「冤罪」の陰で犯行を繰り返す
〝作業服姿の男〟……197
足利事件［1990／5／12］

宗教指導者が下していた
〝死刑宣告〟による犯行か……200
「悪魔の詩」殺人事件［1991／7／11］

〝夜間パトロール〟と称して
美少女を連れ去った中年男……203
千葉・女子中学生
誘拐事件［1991／10／27］

自殺か他殺か事故か――
若者7人の〝連続不審死〟……206
熊取町・連続
自殺事件［1992／4～6］

借金抱えた〝自称・冒険家〟は
オホーツクの空に散った？……209
風船おじさん事件［1992／11／23］

第一章

昭和から世紀末までの7大未解決事件

「島村」の背後に見え隠れする〝真犯人〟

赤報隊事件

［1987〜1990］

［事件概要］

1987〜90年にかけて朝日新聞を「反日」だとして襲撃を繰り返したテロ集団「赤報隊」は、87年5月3日の阪神支局襲撃事件で現役記者一人を散弾銃で殺害した。90年5月の事件を最後に姿を消し、2003年3月に犯人不明のまま、すべての事件が時効となった。

銃身を短く改造した散弾銃を構えて発砲

2010年4月、ようやく春の足音が聞こえてきた北海道・富良野。人気ドラマ「北の国から」の舞台からもほど近い、とある山道沿いの資材置き場に、その男の亡骸《なきがら》は転がっていた。

雪溶けした藁の上に横たわった遺体は頭蓋骨が露出し、野生の動物が食べたのか、身体の一部は骨がのぞいていた。かたわらに転がっていたボストンバッグには、衣類や便箋のほかに、男の「手記」が掲載された『週刊新潮』があったという。

男の名は島村征憲。享年66。09年1月から4週にわたって、遺品でもある『週刊新潮』で「朝日新聞阪神支局襲撃事件の実行犯は自分である」という衝撃的な告白をして世間を騒がした人物である。

なぜ1年前に注目を集めた「時の人」が人けのない雪山で惨めな骸《むくろ》となったのか。その経緯を説明するには、まずは島村氏が自らを犯人だと主張した「赤報隊事件」について知ってもらわなくてはいけない。

１９８７年5月3日午後8時15分、兵庫県西宮市にある朝日新聞阪神支局の2階、編集室に突然、黒縁メガネに目だし帽の男が現れた。男は何も言わず、腰を落として、銃身を短く改造した散弾銃を構え、その場にいた小尻知博記者（享年29）と犬飼兵衛記者（当時42歳）に向けて発砲した。

散弾が直撃した小尻記者は翌日死亡。犬飼記者も小指と薬指を失った。現場を目撃していた記者にも一度、銃口を向けたものの、なぜか発砲することなく落ち着いた様子で編集室を出ていったという。この間、わずか1分。犯人は言葉を一言も発さず、興奮したり取り乱すこともなく、まるでマシンのように淡々と一人の人間の命を奪い去ったのである。

その後、朝日新聞社には「反日分子は極刑あるのみ」「これはてはじめ」というような「犯行声明」が「赤報隊一同」という名義で送りつけられた。

実はこの襲撃には、3カ月ほど前に「前兆」があった。朝日新聞東京本社の壁に銃弾が打ち込まれ、「日本民族独立義勇軍　別働　赤報隊一同」という名義でやはり「犯行声明」が送られていたのだ。そして、「犯行声明」どおり、これは「てはじめ」だった。4カ月後の9月には、朝日新聞名古屋本社の社員寮の外壁に銃弾が打ち込まれ、翌88年3月には、静岡支局の駐車場で、時限発火装置付きの「ピース缶爆弾」が発見されている。

また、この静岡支局事件の犯行声明と同じ日付で、中曽根康弘前首相（当時）の事務所と、竹下登首相（当時）の実家にも「靖国参拝をしなければ処刑リストに載せる」などの脅迫状が送られ、その5カ月後にはリクルート事件で世間を騒がせていた江副浩正リクルート元会長の自宅にも銃弾を撃ち込み、90年には名古屋の愛知韓国人会館を放火するなどターゲットが広がっていった。

この前代未聞の連続テロ事件の容疑者として、右翼関係者や、当時、朝日新聞と敵対関係にあった「統一教会」関係者など、さまざまな人間が捜査線上に挙がったが、どの容疑者からも引っ張れるほどの確たる材料は見つけられず、事件は迷宮入り。２００３年までにすべて公訴時効を迎えた。

阪神支局襲撃事件の自称「実行犯」の死因

そんななかで「真犯人」と名乗り出たのが、冒頭、北の大地で朽ちていた島村氏なのだ。島村氏は従来いわれていた容疑者像と異なり、「ヤクザ」だった。過去、右翼団体にいたこともあるが、裏社会との付き合いがやめられないということで団体を追われ、その後はある組織で盃をもらっていたのだ。

そんな島村氏の告白は驚くべきものだった。阪神支局の襲撃は、なんと在日米国大使館の人間から依頼されたもので、その理由は「北朝鮮の偽ドル」だというのだ。事件の3日前、小尻記者が偽ドルの印刷に使用する原板を預かり、その秘密の露呈を恐れて、「口封じ」がなされた。ほかの事件も暴力団から紹介された人間を使ったという。

つまり、島村氏の話が事実なら、国粋主義者の犯行に見せかけた「国際テロ」だったということだが、いまや、これらのほとんどが「虚言」として片付けられている。実際に島村氏に取材をした朝日新聞は、「客観的事実と明らかに異なる点がある」として信ぴょう性に疑問がある、と相手にしなかった。だが、何よりも島村氏を「大嘘つき」として批判をしたのが、新右翼の人々である。

島村氏は赤報隊の名付け親で、犯行声明文を考えてくれたのが、「川崎のダンナ」と呼んでいた野村秋介氏だと手記で述べているが、野村氏の門下生は一人として島村氏に会ったこともなければ、その存在すら知らなかった。要するに、野村氏が亡くなっているのをいいことに好き勝手につくりあげた「フィクション」である可能性が高いのだ。当初は取材に自信があるとつっぱねていた『週刊新潮』だったが、ライバルの『週刊文春』に島村氏が登場して、「実行犯などとは言っていない」と前言を翻《ひるがえ》すような発言をしたり、右翼関係者の猛抗議にさらされたりするなかで、「ニセ告白」と認めることとなった。かくして、島村氏は全方向から「嘘つき」のレッテルを貼られることになった。
「野村氏の名誉を汚したと怒る右翼関係者からの報復を恐れ、ノイローゼになっていたそうです。富良野で遺体が発見される3カ月前、旭川のビジネスホテルで睡眠薬を大量に飲んで自殺未遂を図っており、そこから行方不明になっていた。遺品には遺書もあり、失意の自殺だというのが警察の見方です」（事件を取材した新聞記者）
　だが、その一方で島村氏の「死」にはいくつか不審な点があるのも事実だ。まず、島村氏の亡骸の側には、氏がたしなまないウイスキーの瓶があったという。さらに、タバコに関しても氏が吸わない銘柄だった。しかも、島村氏の家族によれば、島村氏は北海道まで電車でやって来ているのだが、その際に「飛行機では運べないものを旭川で人に渡すから」と言っていた。島村氏のこれまでの経歴を考えれば、荷物チェックに引っかかるような物の「取り引き」といえば、「拳銃」

や「薬物」という言葉が浮かぶ。いずれにしても、島村氏ははるばる訪れた北海道で、人けのない雪山に踏み入り自殺を図るという流れはあまりにも不可解である。そこで浮上するのが、マスコミに登場したことで何者かの怒りを買い、「口封じ」をされたのではないかというシナリオだ。

たしかに、島村氏の語った内容には「創作」としか思えないような部分が多いが、すべてが嘘ではなく、数%は「事実」を含んでいる可能性もある。

「ヤクザ」という人々は、メディアに対してかなり話を盛ったり、細部を脚色して話すことが多い。当たり前だ。本当のことを語ったところで彼らには何のメリットもない。そのような「ヤクザ」の特性を考えると、島村氏の手記も現実と虚構が入り混じった「ストーリー」という可能性もあるのだ。

では、何が事実なのか。ある捜査関係者は、島村氏の手記に登場した「北朝鮮の偽ドル」に深い関心を示している。

「島村氏のような暴力団関係者が赤報隊への関与を証言したとき、すぐに頭に浮かんだのは『北』の存在です。事件の少しあと、1990年末から2000年代にかけて、日本の暴力団が北朝鮮から覚せい剤を密輸していたが、それ以前から拳銃の密輸も行うなど、『北』と裏社会にはつながりがある。島村氏のような末端の人間が関わったということは、あの事件も『北』が裏で糸を引いていた可能性がある」

反日暴動を狙った「なりすましテロ」？

北朝鮮が「朝日新聞」を襲撃していったい何の得があるのか、と首を傾げる方も多いだろう。かつて北朝鮮を「地上の楽園」と報道した朝日新聞は「北」にとって心強い味方ではないか。そんな声が聞こえてきそうだが、実はこの当時、北朝鮮では、意図的に「北」と敵対する人間の仕業に見せかけて、破壊活動する「なりすましテロ」が盛んに行われていた。

その代表なテロが、「赤報隊事件」の半年後、87年11月29日に起きた「大韓航空機爆破事件」である。乗客乗員１１５名を乗せた機体を空中爆破させるという、この壮絶な無差別テロは、「蜂谷真一」「蜂谷真由美」という北朝鮮の工作員２名が、日本の偽造パスポートを持参して行った。これには「日本人による犯行」を印象づけ、日韓関係を悪化させる「工作」という目的もあった。

実際に74年8月、北朝鮮によって朴正煕大統領が狙撃された際には、実行犯に22歳の在日韓国人・文世光を使い、凶器は大阪の派出所から奪った拳銃を用いることで、日本人による犯行というイメージを広げて、「反日暴動」まで起こしている。70年代から80年代にかけて、韓国で「日本人になりすましたテロ」を積極的に仕掛けていた「北」が、日本国内で同様の「工作」を仕掛けてもおかしくはない――。たしかに、この「なりすましテロ」によって、朴大統領狙撃事件のように国内世論は「反日」へと大きく傾いている。

事実、この前代未聞の「愛国テロ」を名乗る赤報隊事件によって、「朝日新聞」が恐怖で萎縮することはなく、「卑劣な暴力に屈するな」という声がマスコミ全体にあがり、左派知識人を中心に、テロを批判する世論を喚起。むしろ左派色がさらに強くなっていった。その代表が90年から本格的に始まった「従軍慰安婦」報道キャンペーンである。朝鮮人女性を強制連行して集団レイプをしたという吉田清治氏の証言に基づいた「反日報道」が、その90年から92年にかけて「朝日」の紙面を席巻していくのである。

「大韓航空機事件は金賢姫が拘束されたことで北の仕業ということがわかったが、もしあれが日本人の犯行ということで迷宮入りしていたら、赤報隊のような国内の『愛国テロ』も相まって、日韓関係は修復できないほど悪化していたでしょう。そのような事態を最も望んでいたのが誰かと考えると『北』しかない」（前出・捜査関係者）。つまり、「赤報隊事件」は「愛国者になりすました工作活動」ではないというのである。

この「仮説」の根拠とされているのが、静岡支局の駐車場に仕掛けられた「ピース缶爆弾」である。実は60年代末から70年代にかけて、警視庁機動隊宿舎や警務部長宅、アメリカ文化センター、日赤本館などで連続した「ピース缶爆弾」を用いたテロが行われたが、それらはみな新左翼の仕業なのだ。

「犯行声明のなかであれほど反日勢力を憎んでいるのに、なぜ反日テロの象徴であるピース缶爆弾を使ったのか。この矛盾を説明するには、『なりすまし』とい

う結論しかない」（前出・捜査関係者）

ちなみに、アメリカ文化センターの事件で犯人ではないかとみられている赤軍派メンバーは、よど号ハイジャック事件で北朝鮮に亡命している。「愛国テロ」に似つかわしくない「ピース缶爆弾」にも「北」の影がちらつくのは、いったいどういうことなのか。

「赤報隊は右翼ではない」

野村秋介氏は生前、「赤報隊は右翼ではない」と述べていたことは有名だ。右翼関係者のテロに漂う「臭い」がなく、「乾いている」という印象を口にしていたという。

たしかに、過去の愛国テロを鑑みると、実行犯が逮捕されることや刑に服することを恐れていない。自らが命を懸けて主張したいメッセージを世に投げかけるためにも、堂々と犯行を宣言する。しかし「赤報隊」の場合は、そのすさまじい暴力性や攻撃的な「犯行声明」のわりには、まったくといっていいほど痕跡を残していない。テロというよりも完全犯罪。人を殺すことになんら躊躇のない「プロ」による「手際のいい仕事」という印象さえある。

「もしや、島村氏は赤報隊事件のなかのごく一部だけの仕事を、裏社会ルートで請け負ったのではないか。依頼主は米国大使館の人間を装った『北』の人間だった。これならば、もし実行犯が拘束されて足がついても、米国に罪をなすりつけることができる。あの国らしい謀略だ」（前出・捜査関係者）

もちろん、島村氏が亡くなっているいま、これらはすべて「仮説」にすぎない。

ただ、島村氏が「ニセ実行犯」ならば、なぜあれほど国を憂いていた「赤報隊」のメンバーが名乗りを上げなかったのかという疑問に対する、一つの答えのような気がしてならない。なぜ、島村氏は寂しい山道まで行って命を絶たねばならなかったのか。ビジネスホテルで自殺を図ったというのも、何者かに追われ、「もはや逃げられない」と絶望したからではないのか。

これらの謎の答えは、本物の「赤報隊」だけが知っているのかもしれない。

（文／窪田順生）

真犯人を名乗る男が明かした〝事件の真相〟

国松警察庁長官狙撃事件

1995/
3/30

［事件概要］

1995年3月30日朝、警察庁長官の国松孝次氏（当時57歳）が自宅マンション（東京・南千住）前で3発の銃弾を浴び瀕死の重傷を負った。当時はオウム真理教によるサリン事件が発生した直後で、捜査は「オウムありき」で進められた。2010年3月に公訴時効が成立。

「警察庁長官狙撃事件について」（http://accusing-agent.blogspot.jp/）という興味深いブログがある。ブログ主は開設の挨拶をこう綴《つづ》っている。

〈時代遅れのIT音痴ともいえる老いの身をも顧みず、しかも拘禁中の不自由さを押して私がこのブログを立ち上げたのは、司法当局による警察庁長官狙撃事件の真相隠蔽工作の実態をできるだけ多くの人に知ってもらうためにほかなりません〉

ブログ主の名は、中村泰《ひろし》。歴史的未解決事件の一つ、国松孝次警察庁長官狙撃事件の〝真犯人〟だと自称していたが、すでに世を去った人物だ。

中村は72歳だった2002年に名古屋で銀行の現金輸送車を襲撃して現行犯逮捕され、その後、01年に大阪で起きた別の銀行の現金輸送車襲撃事件の容疑でも逮捕された。その後、無期懲役刑に服しつつ、24年5月に94歳で獄死するまでにさまざまな取材を受け、自分こそが長官を撃った真犯人だと訴え続けていた。

かくいう筆者も13年の秋頃から1年ほど、中村と手紙のやりとりをして取材していた。ブログは外部の協力者が運営していたそうだが、中村は自分のことを長官狙撃事件の真犯人だと証明するためにさまざまな資料を掲載している。

このブログの資料をひもとき、「中村真犯人説」の信ぴょう性を検証してみたい。

「オウム犯行説」に拘泥し続けた警察幹部

まず、事件の経緯を振り返っておく。

1995年3月30日午前8時30分頃、東京・南千住の高級マンション群「アクロシティ」の7棟あるマンションのうち、Eポートで暮らす国松長官は、出勤しようと1階の通用口から出たところを約21メートル離れた物陰から狙撃された。4発中3発の銃弾が腹部などに命中。国松長官は瀕死の重傷を負った。

折しもこの10日前、地下鉄サリン事件が起きたばかり。警察は当時、オウム真理教の教団施設で大々的な家宅捜索を行っていた。それゆえに長官狙撃事件もオウムの関与が疑われた。

そして、1年半余りが経過した96年10月、事態は急転する。次のような内容の告発文書がマスコミ各社に届き、警視庁も事実関係を大筋で認めたのだ。

「長官を撃った犯人は、オウム信者である警視庁の警察官だ。本人も犯行を自供している」

その警察官は、当時31歳のK巡査長。地下鉄サリン事件や長官狙撃事件が起きた95年3月当時は本富士署の公安係員だった。しかし、教団施設への捜査でオウム信者だと判明。警視庁の任意の取り調べに対し、長官狙撃事件の犯行を詳細に自供していたとされる。

だが、その取り調べは軟禁状態で行われた違法性の高いものだったといわれる。また、「犯行に使った銃は神田川に捨てた」というKの自白に基づき、大掛かりな捜索が行われたが、銃は見つからなかった。結局、Kはオウムの幹部に警察情報を漏洩《ろうえい》したとして懲戒免職処分になったが、長官狙撃事件の容疑で立件には至らなかったのだ。ところが——。

7年余り過ぎた04年7月、警視庁は一度立件を断念したKと3人のオウム信者を殺人未遂などの容疑で唐突に逮捕した。

ただ、96年に「長官を撃った」と自白していたKはこのとき、「自分は現場で実行犯の支援をした」と供述を大幅に変えていた。さらに3人のオウム信者も事件への関与を全面否認。結局、確証は得られず、この時も立件はできなかった。

現金輸送車襲撃事件で捜査線上に浮上した男

このように警視庁の捜査が迷走した元凶は、捜査を主導した公安部がオウム犯行説に固執したことだといわれる。2010年3月の公訴時効成立当日、警視庁公安部の青木五郎部長らが「オウムによる組織的テロだと認めたが、証拠により特定・解明に至らなかった」と異例の発表をするも、「負け犬の遠吠えだ」と各方面から批判を浴びた。

一方、一部の捜査員が熱心に追っていたといわれるのが、北朝鮮の工作員による犯行説だ。その根拠は、犯行現場に朝鮮人民軍のバッジと韓国の10ウォン硬貨が落ちていたことだ。北朝鮮説を主張する捜査員のなかには、北朝鮮とパチンコ業界の関係や、警察とパチンコ業界の癒着の構図を調べた者がいたともいわれる。

しかし、バッジは日本国内での入手は難しいものの、ロシアなどで同種のものが購入可能だと判明。硬貨のほうも韓国内で広く流通しており、日本からの旅行者が持ち帰り可能なものだとわかっている。北朝鮮の犯行を示唆する物証は、犯人が捜査を攪乱するために現場に残したとみたほうが自然だった。

他方、中村が捜査線上に浮上したきっかけは、02年に名古屋で銀行の現金輸送車を襲撃し、現行犯逮捕されたことだった。

既述したように中村は当時すでに72歳だったが、この事件では警備員2人の足元をほぼ狙い通りに狙撃しており、高度の射撃能力が認められた。さらに関係先の捜索では、長官狙撃事件に関する新聞・雑誌の記事の膨大なコピーなどが見つかった。加えて、中村が借りていた新宿の貸金庫から10丁の拳銃や1000発を超す銃弾が出てきたうえ、長官狙撃事件の前々日や事件の約1時間後の午前9時26分に金庫が開閉された記録も確認された。こうした事実関係に注目した警視庁の刑事部は、中村を長官狙撃犯の本命とみていたという。

ではこの中村という男は、いったいどんな人だったのか。その経歴は特異だ。

報道されてきたところでは、少年時代を満州で過ごした中村は帰国後、旧制水戸高校から東京大学に進学した秀才だった。しかし、共産党に入党して武力革命を志し、窃盗を繰り返した末に東大を中退。その後はテロ活動の資金準備のために金庫破りを重ねた挙げ句に警官を射殺、20年の服役生活を強いられた。出所後はニカラグア革命戦争に義勇兵として参加すべく渡米して射撃の訓練を重ねたり、同志と「特別義勇隊」なる武装組織を結成し、北朝鮮の拉致問題解決のために活動したりしていたという。

ブログでの説明によると、中村が国松長官の狙撃を思い立ったきっかけは、地下鉄サリン事件の発生後、警察が教団施設で大掛かりな捜索を行いながら、容疑者が一人も逮捕されなかったことだという。

〈(筆者注・警察を)督励して心底から奮起させるには、オウム真理教を迅速かつ徹底的に制圧しなければ、自分自身の生命が危うくなると実感させなければならない。つまり、生か死かの土壇場にまで追い込むことである。

それには、オウム信者を装って警察の最高指揮官である警察庁長官を殺害するのが最も効果的である〉

このように考え、国松長官を狙撃した——それが中村の語る「真相」だ。実際、警察はその後、オウムへの追及を加速させ、麻原彰晃の検挙にこぎつけた。

ただ、中村自身の犯行動機がまったく見えてこない。中村は手紙でこう回答した。

〈私は限られた微力な個人の力で歴史を変えるような軌跡を残したいという願望あるいは野心を抱いていました〉。中村は、オウムを装って国松長官を狙撃し、警察をオウム制圧へと駆り立てることにより、そのような〈願望あるいは野心〉

を満たそうとしたのが犯行動機だと主張するのだ。

「公用車が以前と変わった」〝犯行供述〟の具体性

ブログには、〈警察庁長官狙撃事件における中村泰受刑囚の犯人性および同事件の殺人未遂容疑での再捜査の必要性〉と題する文書も公開されている。これは10年に東京の弁護士が中村を長官狙撃事件の犯人とみて、東京地検に刑事告発した際に告発状に添付したものだ。この「告発状添付文書」には、中村の供述も記載されている。どんな供述をしているかを見ていこう。

事件が起きたのは１９９５年の「３月30日」だが、中村によると、事前に下見したうえで当初は「３月28日」の決行を予定していたのだという。

〈狙撃地点付近で待機していると、国松長官の住むマンションEポートのエントランスにコート姿の二人の男が現れ、階上から降りてきた国松長官と合流。また一緒にマンション内に引っ込んでしまった。しかも、この日、長官を迎えにきた公用車が、それまでと同じ黒の日産プレジデントではあったものの、ナンバーがそれまでとは違うものとなっており、長官公用車が変更されたことに気づいた。この二つの事情から、私は異変を感じ、長官を守る警備体制に重大な変化があったのではないかと危惧し、急遽、この日の決行を中止した〉

3月28日、国松長官を迎えにきた「公用車」が以前と変わっていた――安易に否定しがたい具体性のある供述ではある。ちなみに、中村が借りていた10丁の拳銃、1000発を超す銃弾が出てきた新宿の貸金庫はこの日も2回開閉された記録がある。

さらに3月30日、改めて〝犯行を決行〟したときのことはこう供述している。

〈国松長官への警護体制は、マンションFポート北側に停めた覆面パトカー内で警戒、待機している二人の警備要員（私服警官）の他に、国松長官が住むEポート北東角側の路上にも、立ち番の形で、警戒要員（私服警官）が一人いた。この南千住浄水場北西隅にあたる周辺での警備については、それまでの事前の偵察でも目にしたことはあったが、常時そうであったか否かはわからない。いずれにせよ、これは狙撃決行には特に障害にならないと判断。そのまま計画遂行に移って、

Eポート通用口から出てきた国松長官を狙撃した〉
私は現場に足を運んだが、現場の位置関係はこの中村の供述通りだった。警備体制に関する供述も実際にその目で見ていないと語れないのではないかとも思える詳細さだ。さらに現場に残されていた朝鮮人民軍のバッジやウォン硬貨についても、中村はこんな「事実」を明かしている。
〈なお、狙撃の直前、用意していた韓国の10ウォン硬貨と北朝鮮の人民軍記章（バッジ）を現場に置いておいた。新聞やテレビではこれまでずっと、この二つが『狙撃現場の植え込みのあたりに置かれていた』とばかり報道されてきたが、それは誤りであり、実際には、バッジは植え込み横の狙撃地点の足元に置いたが、ウォン硬貨は左手側に、数メートル離れたFポートのエントランスの中央の方向に放り投げたのであり、硬貨はそのエントランスの方で発見されたはずである〉
先述したように中村の関係先からは長官狙撃事件に関する新聞・雑誌の記事の膨大なコピーが見つかっており、「犯人ではなくとも、報道を参考に犯行を詳細に供述することは可能だ」という見方もできる。しかし、報道とは異なる「真相」を明かしたこの供述内容が事実ならば、中村の供述の信ぴょう性は高まる。

　そして犯行後、いかに逃走したかをこう供述している。

〈自転車で、共犯者が軽自動車で待機するＮＴＴ荒川支店の駐車場に向かった。その場所と千住間道をはさんで筋向かいにある喫茶店らしい店舗の東側壁面に自転車を無施錠で立てかけて、置き捨て、共犯者の運転する軽自動車に乗り込んだ。その車でＪＲ西日暮里駅に向かい、そこで私だけが下車した〉（傍点は筆者）

　私は現場で取材した際、中村が壁に自転車を立てかけたという喫茶店（店名は「川の音」現在は閉店）の店主にも話を聞いたが、たしかに事件当日の朝、店舗の壁に見知らぬ自転車が立てかけられていたという。

「自転車は何日も置きっぱなしだったんで、長官が撃たれた事件と何か関係あるんじゃないかと思い、警察に通報したんだ。だけど、警察が自転車を取りに来たのは10日くらいたってからだった。何年もたち、中村って人が犯人じゃないかって話が出てから別の刑事が話を聞きに来たけど、あんな捜査じゃ、犯人は捕まらないよね」

ちなみに「告発状添付文書」によると、犯行に使用されたとみられる銃弾は「きわめて稀少で、米国でさえ、入手困難な弾種」だそうだが、中村はロサンゼルスで契約していたセルフ式貸倉庫に同種類の実弾を数十発保管していた事実が確認されているという。しかし結局、東京地検はこの刑事告発を受理した1カ月後、中村を嫌疑不十分で不起訴処分にした。告発人の弁護士はこれを不服として検察審査会に審査を申し立てたが、「不起訴相当」と判断された。

「共犯者・ハヤシ」の存在を証明することができるか

もっとも、中村の供述にも弱点はあった。供述に出てくる「共犯者」が何者かを詳しく説明できていなかったことだ。中村はその点を手紙でこう説明した。

〈トクギ（特別義勇隊）結成計画時の同志であった人物（仮称・ハヤシ）を指しているものと思いますが、私が02年11月に名古屋で逮捕されて以来全く連絡が途絶えていますので、その所在も生死さえもわかりません。また、その心情を私なりに推量するならば、私が（筆者注・長官を撃った犯人として）名乗り出るのは成行き上仕方ないもしれないが、こちら（ハヤシとその配下）まで巻き込むなどいうところでしょう。とにかく、かの「K騒動」の際に本件（筆者注・自分たちが長官を狙撃したこと）は一切闇に葬ってしまうということで合意し、残っていた多少の証拠資料も焼却してしまったのですから〉

〈実は私が名古屋での事件に使用した軽自動車は私の望む条件を示したうえでハヤシに調達してもらったのです。そういう事情がありましたので、つまり彼は強盗事件の共犯に問われる立場にあったので、それも私が当局に対して彼の人物特定に繋がる情報の提供を拒み通した理由の一つでした〉

中村の説明は、辻褄は合っている。そして23年3月、毎日新聞がこの「ハヤシ」とみられる男が実在することをスクープし、最後のピースが埋まったかと思われたのだが……。中村はその時、死期が迫って意思の疎通をとることができず、本人に事実確認ができなかった。返す返すも残念だ。

（取材・文／片岡 健）

東電ＯＬ殺人事件

被害者の定期券はなぜ「巣鴨」にあったのか？

［1997/3/9］

［事件概要］

1997年3月8日深夜から9日未明、東京電力の女性社員が東京都渋谷区円山町にあるアパートで殺害された。彼女は売春婦として体を売っていたことで報道は過熱。ネパール人男性が逮捕・収監されたが、のちに冤罪として釈放——。

被害女性の膣内に体液を残した男

１９９７年３月19日、渋谷・円山町の古ぼけたアパートの一室で一人の女性の遺体が発見された。その女性は東京電力のＯＬと売春婦という二つの顔を持っていた。大手企業のエリート会社員が、売春婦として体を売っていたという事実は世間に衝撃を与えた。この事件の容疑者として逮捕されたのは、ネパール人のゴビンダ・プラサド・マイナリーさんだった。

3月8日から9日の事件発生当時、ゴビンダさんは、被害女性が殺害された部屋の隣にあるアパートで暮らしていた。事件発生の20日前には、現場となった部屋で被害女性と関係を持っていた。また、以前にその部屋を借りるために鍵を持っていたことから、警察は彼を容疑者として逮捕したのだった。ちなみにその部屋は当時、常に鍵がかけられておらず、被害女性がたびたび客の男を連れ込んでいた。

裁判は一審無罪、控訴審無期懲役、最高裁では上告が棄却され、有罪が確定したが、一貫して無実を主張してきたゴビンダさんの再審請求が認められ、無罪判決が下された。

この裁判では、被害女性の膣内から発見された体液がゴビンダさんのものではなく、第三者のものであるとDNA鑑定によって明らかになったことが、無罪を言い渡された理由となった。部屋に残されていた陰毛や被害女性の爪からも、膣内に残されていた体液と同じDNAの皮膚片が発見され、真犯人は被害女性の体内に体液を残した男ということが明白となった。

果たして、被害女性を殺した真犯人はどこに潜んでいるのか。犯人と同じDNAを持つ者を見つけることができれば、簡単な話であるが、警視庁のデータベースには同じ型のものは存在しないという。そうなると、現時点で明らかとなっている犯人の足取りから推測していくしか方法はない。

殺害4日後に定期券を捨てた人物

この事件で、犯人と結びつくのは、巣鴨で見つかった被害女性の定期券である。巣鴨は被害女性の自宅とも通勤経路からも外れていて、おそらく土地勘のない場所だ。彼女の定期券が発見されたのは、殺害されてから4日後の3月12日の午前中のことで、とある民家の庭先に落ちていた。

定期券が発見された巣鴨にある民家は、都電荒川線の新庚申塚《しんこうしんづか》駅から、白山通りを渡り、お岩通りに沿って歩いて、1本目の路地を入ったところにある。土地勘のある人物でなければ、おそらく来ることはない場所である。家主の主婦が言う。

「朝、花に水やりをしていたら、壁際に、黒い定期入れが落ちていたんだよ。名前を見たらワタナベと書いてあったから、近所にもワタナベなんて名前の人はいないから、娘に頼んで警察に届けてもらったんだよ」

水やりは毎日の日課で、前日には定期券はなかったという。そう考えると、定期券は夜中に捨てられたことはほぼ間違いない。被害女性を殺害してから、4日後に定期券を庭先に捨てる人物とは、いかなる者だろうか。

警察が捜査しなかった巣鴨界隈事情

この界隈に当時住んでいた人物か、もしくは友人、知人が住んでいた人物が捨てたということが考えられないか。地元の住民に話を聞いてみると、警察は事件後から一度たりともこの界隈で聞き込みをしていないという。警察にしてみれば、最初からゴビンダさんが犯人であり、定期券を捨てた人物の存在は、ゴビンダ犯人説を崩す障害でしかなかった。当時、この付近を徹底的に聞き込みをすれば、定期券について知る人物を見つけることも可能だったのではないか。

冤罪で逮捕・収監されたゴビンダさんの妻（右）

　ちなみに、定期券が発見された場所の周辺では、１９９７年当時、イラン人やバングラデシュ人などが多く暮らしていた。とくにイラン人は、違法テレフォンカードを販売したり、新大久保界隈で体を売っていたコロンビア人娼婦たちの〝ヒモ〟などをしながら暮らしている者も少なくなかった。

「当時は、ちょっと夜になると物騒なところはあったね。イラン人が店を閉めたあとの夜中に酒を売ってくれって来たんだけど、売らなかったら、自動販売機を壊されたなんてこともあったたな」

　定期券が発見された現場周辺で酒屋を経営する男性が言う。そうした話が直接この事件と結びつくわけではないが、事件の温床となりえる空気が、当時この町の周辺には漂っていたのである。

ネパール人たちの「怒りより、哀しみ」

警察は、現在も犯人逮捕のため捜索を続けているわけだが、日本に暮らして数十年になるネパール人男性が呆《あき》れた表情で話してくれた。

「ゴビンダさんが無罪になってしばらくしてからのことです。突然警察の人が家を訪ねて来たんです。何のことかと思ったら、ゴビンダさんの事件のことで犯人を探しているから、協力してくれと言うんです。断る理由はありませんから、近所の喫茶店で、まだ30代の若い捜査員と会ったんです。彼らが見せたのは、マークしている人間のリストで、そこには4ページぐらいにわたってずらっとネパール人の名前が書いてあり、なかには私の友人の名前もあったんですよ。その時、まだネパール人を疑っているのかと……怒りというより、哀しみがこみ上げてきました」

疑いの目はいまだにネパール人に向けられていて、いま頃になって巣鴨周辺に暮らすネパール人などに聞き込みをしているのだという。警察からしてみると、ネパール人が借りようとしていた部屋で事件が起きたこともあり、彼らのネットワークのなかに犯人がいるという推測なのだろう。

ゴビンダさん一家はいま……消えた真犯人の行方

無罪放免後はネパールに暮らしているゴビンダさんだが、いまはカトマンズで家族と水入らずの生活を続けている。

彼が日本に旅立ったときには乳飲み子だった娘もつい最近、結婚した。15年にわたって夫の無実を信じ続けてきた妻のラダさんも、写真を見るかぎり、日本に足を運び続けていたときとくらべ、ふっくらとして健康的な表情をしている。彼女らは冤罪の被害者として失った時間を、懸命に取り返しているのだ。

一方で、事件の被害者である女性の魂は、いまものうのうと生きている真犯人が捕まらない限り、浮かばれることはないだろう。事件はいまだにくっきりとした光と影を見せているのである。

（取材・文／八木澤高明）

グリコ・森永事件

警察を嘲笑し続けた謎の「犯罪グループ」の黒幕

［1984/3/18〜］

1984年から85年にかけて起こった連続企業恐喝事件。「かい人21面相」を名乗る男が、江崎グリコ、森永製菓などの大企業の製品に毒物を入れる手法で金銭を要求。いくつもの犯人像が推理されたが時効、迷宮入りに――。

［事件概要］

「劇場型犯罪」の幕開け、マスコミに挑戦状

1984年3月18日、3人組の男が江崎勝久・江崎グリコ社長宅に侵入。入浴中の江崎氏を誘拐した。戦後最大の未解決事件として犯罪史に記録される「グリコ・森永事件」が、ここに幕を開けた。企業への脅迫状とは別に、報道機関や週刊誌などに挑戦状を送りつけ、毒入り菓子をばらまいて社会一般を騒ぎに巻き込み、「劇場型犯罪」とも騒がれた、あの事件である。

「人質はあづかった　現金10億円　と　金１００kg　を　用意しろ」

江崎社長の誘拐後、グリコに突きつけられた、脅迫状の文面である。

しかし誘拐３日後、江崎社長は閉じ込められていた淀川沿いの水防倉庫から自力で脱出。身代金奪取のならなかった犯人たちは、社屋などへの放火、製品に青酸ソーダを混入するとの脅しでグリコからカネを奪い取ろうとする。

その後も、犯人らはことごとく現金奪取に失敗するが、その一方で警察も手痛いミスを重ねた。同年11月22日付、「かい人21面相」を名乗る犯人はマスコミ宛ての「挑戦状」で、現金受け渡し現場での警察の失態について、こう明かしている。

「6月2日の　3億円の　とき　わしら　ポリ公と　あいさつ　しとんねん（略）警察の車5だいか　6だい　はしっとったで　タクシーにのった　あほも　おった（略）会社の車に　のって　1人で　くるよう　ゆったのに　ちがう車で　2人も　すわって　まっとった　きいとるだけで　あほらしいやろ」

犯人らはその後、丸大、森永などにターゲットを変更。10月7日から13日までの間に、大阪、兵庫、京都、愛知のスーパーなどから青酸入り菓子など13個が発見され、その後も断続的に脅迫と青酸入り菓子の置き去りが続く。

だが、事件は予想外の結末を迎える。

11月14日、脅迫を受けたハウス食品の現金運搬車を囮《おとり》に、警察が犯人グループの一斉検挙を目指した作戦を展開中、そのことを知らされていなかった滋賀県警のパトカーが、犯人である疑いの強い不審者を取り逃がした。

そして翌年8月7日、山本昌二・滋賀県警本部長が定年退職したその日に、本部長公舎で壮絶な焼身自殺を遂げる。

遺書は残されていなかったが、ハウス食品事件での犯人取り逃がしの責任をとったと解釈された。その5

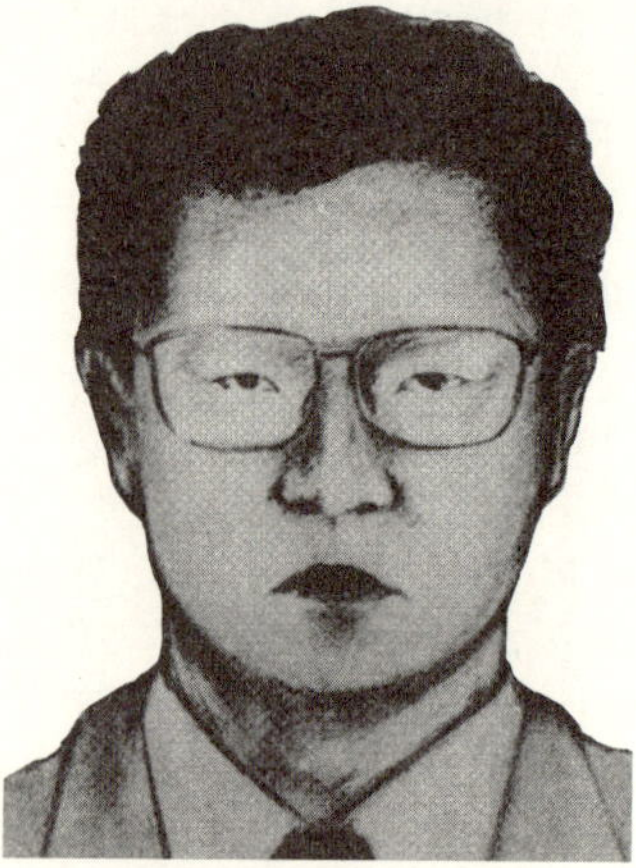

グリコ・森永事件を象徴する
「キツネ目の男」

日後、犯人・かい人21面相は茨木署下穂積派出所に放置した挑戦状で終息宣言を行う。

「山もと　男らしうに　死によった　さかいに　わしら　こおでん　やることにした
くいもんの　会社　いびるの　もお　やめや　このあと　きょおはく　するもん　にせもんや（中略）
わしら　悪や　くいもんの　会社　いびるの　やめても　まだ　なんぼでもやること　ある
悪党人生　おもろいで　かい人21面相」

山口組系の元大物組長を強制捜査

これを機に犯人グループは活動を停止。混迷を続けていた捜査は、7年後に大きく動く。1992年3月13日、捜査本部は、ハウス食品事件での捕り物の際、犯人らが乗り捨てた盗難車から特殊な金属の微量物を採取。同種の金属片などを扱う産業廃棄物処理業者のなかから、事件関与の疑われる人物を洗い出した。

また、怪人21面相の高度な組織力の裏には「黒幕」が存在すると見られていたが、件《くだん》の産廃業者のライン上に山口組系の元大物組長・Kが浮上。捜査本部は、Kおよび関係者らに対する強制捜査を決断する。

その背景には、犯人らの「緻密《ちみつ》すぎる動き」があった。当時、事件を取材した新聞記者は、担当捜査員からこんな話を聞かされている。

「犯行計画というか、犯行のタイムテーブルが緻密をきわめてるんや。行動を10秒単位で計算してる。これには驚いた。現金の受け渡し場所を次々に移動させるのが決まった手口やが、ワシらが互いに無線で連絡を取り合っていて少しでも指定時間に遅れると、まったくもって姿を見せんのや」

こうした巧妙な連係プレーの背後に、警察がある種の「組織力」を疑ったのは当然と言えるだろう。

しかし――。

「知らぬ、存ぜぬ」で押し通すKから何ら証言を取ることができぬまま、捜査陣は引き下がることになる。

「53年テープ」が事件を予告か

実は、この失敗は予想されたことだった。最初に捜査線上に挙がった産廃業者とK元組長を結びつけた最重要の手がかりが、事情聴取を前にして瓦解していたのだ。

その証拠とは、「53年テープ」と呼ばれる1本のカセットテープ。

事件発生の6年前となる1978年8月17日、江崎グリコ役員宅に郵送されたテープには、年配の男性の声で、事件を予告するかのような話が吹き込まれていた。

「私は30年ほど、部落解放同盟の会長をしている者でございます。1カ月くらい前から、過激派の連中とつき合うようになりまして、実は、さる過激派の連中がどうしても資金がいる、そこでグリコさんにカンパしてもらいたい、もし蹴られたり、警察に言ったりなさると、それなりに報復を計画しているということを知

菓子棚の前の不審な「ビデオの男」。防犯カメラの普及黎明期だった

ったのです」

「過激派の連中はグリコ製品に毒物を入れて12都道府県にばら撒《ま》く準備をし、連中はグリコに3億円を要求するつもりだったのですが、私が交渉して1億7500万円まで引き下げさせた」

「もし、グリコさんに応じていただけるのであれば、朝日、毎日新聞の尋ね人欄に『ヨシザワ話ついた　すぐ帰れ　フジサワ』と掲載していただきたい」

警察は産廃業者に連なる人脈の中から、「53年テープ」とよく似た声の持ち主である富山市在住の元北朝鮮工作員の男（当時50歳代）を発見。その男を介して、産廃業者とK元組長がつながったのだ。

また、京都に在住していた元工作員の娘が、江崎グリコに対する脅迫電話で流された「女性の声のテープ」と目された。

しかし、強制捜査の着手前、元工作員と「53年テープ」、娘と「女性テープ」の声紋鑑定を行った科学警察研究所は、「両者とも一致せず」との結論を出していた。この時点で、産廃業者と元工作員、K元組長を「一味」と見る捜査方針は大きく揺らぐ。

Kと同時に任意同行を求められた関係者らは、事件への関与を一様に強く否定。グリコ・森永事件の捜査は、この時点で事実上の敗北を喫したのである。

そして2000年2月13日午前0時。この時までに、誘拐や殺人未遂など、グリコ森永事件に含まれる28件の事件すべてが、時効を迎えた。

（取材・文／李策）

3億円事件

自殺した少年Sが所属「立川グループ」への消えない疑惑

1968/
12/10

［事件概要］

1968年12月10日、東京都府中市で、現金輸送車が、警官に扮した偽の白バイ男に3億円を奪われた強盗事件。のべ16万人の捜査員と10億円の捜査費用が投入されたが、ついに犯人は特定できず、公訴時効が成立――。

伏線――犯行4日前の脅迫状

東京都府中市栄町にある、学園通り。高さ3メートル以上の白い塀が続く通りの近くには高校や小学校があり、生徒らの歓声が響く。そこから約500メートル離れた場所に、東芝府中工場がある。

1968年12月10日、同工場従業員のボーナス約3億円（正確には2億943

0万7500円）分が入ったジュラルミンのトランク3個が、輸送中の現金輸送車から奪われた。世にいう「3億円事件」である。

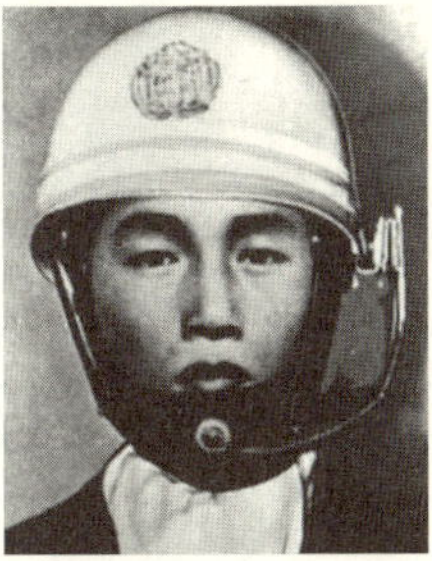

あまりにも有名な「白バイの男」のモンタージュ写真。これがミスリードの原因か

当時の3億円は現在の貨幣価値では約10億円にあたり、国内の単一事件としては空前絶後の被害額だった。その大胆不敵な犯行の伏線は、この4日前に引かれていた。

同年12月6日、日本信託銀行（のちの三菱UFJ信託銀行）国分寺支店長宛に脅迫状が届く。翌日の午後5時までに指定の場所に現金300万円を女性行員に持ってこさせないと、支店長宅を爆破するとの内容だった。当日、警察官約50名が指定の場所に張り込むが、犯人は現れなかった。

偽装白バイのお粗末な正体

そして10日午前9時30分頃、まばらな雨のなか、同支店から東芝府中工場に約

3億円を運んでいた現金輸送車（セドリック）が、府中刑務所沿いの学園通りにさしかかったところで、1台の白バイにより停車を命じられた。

若い白バイ警官は、「巣鴨の支店長宅が爆破された。この車にも爆弾が仕掛けてあるかもしれない」と、運転手ら4人を車から降ろしたあと、輸送車のボンネットの下に潜り込んで発炎筒をたき、「ダイナマイトだ。逃げろ」と叫んだ。4人が避難すると、警官はセドリックを運転して走り去ってしまう。

4日前の脅迫状の一件を知っていた行員らは、白バイ警官の制服と振る舞いにも圧倒され、セドリックが走り去るのを見ながら爆弾から遠ざけるために退避させたと勘違いし、「勇敢な人だ」と思ったという。

しかし、発煙筒が自然鎮火すると、偽装白バイのお粗末な正体が目に入った。当時の白バイはホンダ製なのに、目の前にあるのはヤマハのバイクだった。スピーカーに見せかけるため市販のメガホンを取り付け、書類箱のかわりにクッキー缶がガムテープで固定してあった。

これに気づいた行員らは、ただちに警察に通報。同9時50分には東京都全域に緊急配備が敷かれた。

「ハンチング」「メガホン」「新聞紙片」などの遺留品

ところがこの後、捜査は後手に回っていく。

緊急配備の対象となったのは、現金輸送車として使われていた黒塗りのセドリックである。しかし、この車は事件直後、近くの木立に乗り捨てられていた。犯人は逃走用のカローラにジュラルミンケースを積み替え、緊急配備の網をくぐり抜けたのだ。

このカローラは、ナンバーが「多摩・5・ろ・3519」だったことから「多摩五郎さん（いつ行く）」と呼ばれ、警視庁は連日、無線でパトカーに「多摩五郎、発見に努めよ」と指示を出す大捜索網を敷いた。結局、カローラは翌69年4月、数キロ先の小金井市内の団地で発見される。検証したところ、犯人はその車も事件直後に乗り捨てていたと判明、大捜索網は無駄骨だったとわかった。

一方、犯人は124点にものぼる大量の遺留品を残しており、当初は犯人逮捕に楽観的なムードもあった。

たとえば、犯人のものと思われるハンチング帽の出荷数は54個と少なく、偽装白バイに取り付けられていたメガホンの出荷数は、さらに少ない5個。とくにメガホンについて、警察は4個まで所在を特定。残り1個は盗難に遭っており、これが犯行に使われたものと思われた。

しかしその他の遺留品のほとんどは、大量生産の壁に阻《はば》まれて、有力な手がかりとなっていない。

なかには、惜しいものもあった。白バイのスピーカーの白ペンキの下に付いていた、5ミリ大の新聞紙片だ。配達先がわかれば、犯行準備に使われた「アジト」に直結する可能性があった。当時の警視庁科学検査所文書鑑定室は、これが事件4日前、12月6日の「サンケイ新聞13版」の婦人面だったと突き止める。ところが、この時点で事件発生から2年数カ月が経過していた。新聞販売店の配達先（順路帳）の保存は2年間で、完全に手遅れだった。

警察は他方、大量の捜査員による人海戦術も展開。事件現場となった三多摩地区のアパートに対しては全室への無差別聞き込みが行われ、少しでも疑いを持たれた者の数は十数万人に及んだ。そのなかには当時、事件現場前にある都立府中高校に在籍していたタレントの高田純次や歌手の布施明の名前もあったとされる（いずれも事件とは無関係）。

単独犯か複数犯かも断定できず

こうした捜査のなかで、犯人像はさまざまなものが浮上した。

代表的なのが、近隣の立川市で車両窃盗を繰り返していた非行少年グループ、通称「立川グループ」。リーダー格の少年S（当時19歳）は父親が白バイ隊員で、事件前に東芝や日立の現金輸送車を襲う話をしていたなどの状況証拠が浮かんだ。また、本人は事件5日後に青酸カリ自殺をしているのだが、警察にその顔を見せられた銀行員4人が「似ている」などと供述。これを受け、警察は少年に酷似したモンタージュ写真を公開した。

その後、警察は脅迫状の筆跡や切手についた唾液の血液型が異なっているなどの理由で、この少年Sについて「シロ」と判断している。

立川グループからは別のメンバー（当時18歳）Xも容疑者として浮上し、警察の最後の捜査対象となったが、結局逮捕には至っていない。

もっとも、いずれの「シロ」判定も「単独犯ならば」というもので、警察は結局、単独犯か複数犯かも断定できなかったことになる。

ほかに容疑者とされた人のなかには、無実でありながら新聞により「容疑者聴取へ」などと実名報道され、家族と職を失い、のちに自殺したケースもあった。

こうして日本中を騒がせた事件は、1975年に公訴時効が成立した。88年に民事事件としても時効となった。

ちなみに日本信託銀行国分寺支店は事件前、日本火災海上保険会社に電話をかけ、保険料1万6000円の現金輸送保険に加入。日本火災海上は国内20の損保会社と再保険を結んでおり、20社はさらに、海外の損保100社と再保険契約を交わしていた。3億円は海外の損保が負担したことになり、国内ではどの金融機関・企業も損失を負わなかった。

（文／李策）

事件の関与を供述した元暴力団員は「白」か「黒」か

スーパーナンペイ事件

［1995/7/30］

［事件概要］

1995年7月30日、東京・八王子の「スーパーナンペイ」の2階事務所で、アルバイトの女子高生2人と女子事務員が射殺された事件。殺人事件の時効廃止により今後の捜査は続くが、現在のところ犯人は検挙されていない。

女子高生を含む3人の女性が被害に

1995年7月30日の日曜日、東京都八王子市内にある「スーパーナンペイ大和田店」の夕方5時からのレジ係は、パート従業員の稲垣則子さん（当時47歳）と、アルバイトで高校生の矢吹恵さん（当時17歳）だった。

スーパーの建物は1階が店舗、2階が事務所で、事務所へ行くには外階段を上がる構造だった。事務所の奥には金庫があり、売上金を金庫に移す際は1階のレジから引き出しを抜いて、そのまま2階に外階段を使って運ぶという防犯上、きわめて危険な方法が取られていたという。

「金庫には金曜から日曜までの3日分の売り上げが納められていたが、店員は女性二人のみと危機意識は非常に低かった。さらに、防犯カメラは1階のみで、開店直後から閉店まで事務所は無施錠、金庫は二重ロックながら暗証番号は、毎回打ち込むのが面倒だったのか、合わせたままというずさんな管理態勢だった」

(当時取材したテレビ局元記者)

額と脳天を貫通。撃ち抜かれた弾丸

夜6時半、近くで地元自治会の盆踊り大会がにぎやかにスタート。太鼓の音はスーパーの店内にまで届いていた。

7時前、その日は非番ながら自分の出勤シフトの確認と、仲のよい矢吹さんに会うため、別の高校に通う前田寛美さん(当時16歳)が来た。そして、8時頃、稲垣さんだけがレジの引き出しを持って2階の事務所へと向かう姿が防犯カメラの映像に残されている。その後、閉店時間の午後9時には女子高生二人も売上金を持って2階へと上った。それを受け取った稲垣さんは金庫に納めてダイヤル錠をロックしたのである。

それから稲垣さんが店内を戸締まりして明かりを消し、午後9時15分に事務所の電話で、勤務後に食事する約束をしていた男性に迎えに来るよう頼んだことが通話記録から判明している。10分ほどで知人男性はスーパーに到着。稲垣さんを待っていたが30分以上経っても来ないので事務所に入っていくと、奥で女性3名の変わり果てた姿を発見。時刻は午後10時過ぎだった。

稲垣さんは事務所奥に置かれた金庫の横の壁を背にして両足を投げ出し、額《ひたい》と脳天を拳銃で撃ち抜かれ、目を見開いて絶命。女子高生二人は粘着テープで口を塞がれ、一人は右手、もう一人は左手を粘着テープでつながれ後頭部を1発ずつ撃たれていた。床は一面、血の海だったという。

稲垣さんの額に残された弾丸による傷の周囲は焼け焦げていて、至近距離から発射したことが明白だった。また背中などには打撲傷もあった。矢吹さんはこめかみを撃ち抜かれ弾丸は貫通。前田さんは頭から入った弾丸が体内を貫き腰のあたりで止まっていた。3名とも死因は脳挫傷で即死状態だった。

オウム事件で捜査員が不足状態

犯人は3名が帰り支度を整え、防犯システムを作動させて事務所を出た直後、彼女らに近づき、事務所へと押し戻したようだ。防犯システムが9時15分に作動した記録が残されていた。9時17分にスーパーの近くを盆踊り帰りの若い男女が通った際、銃声のような音を5発聞いたという。もし時間が合っているなら3名を事務所に戻してから、わずか2分ほどで殺害したことを意味している。よほど冷徹な心理を持つ犯人だと推理できる。

「謎なのは犯人が事務所内を物色した形跡はほぼないことだ。金庫には500万円以上の現金が置かれてあったが鍵さえ触っていない。店長の机の中には高価な貴金属類が無造作に入れられ、金庫の暗証番号のメモもあったが、それらも手つかずであった。また道具類を持ち込んだ様子も皆無で、いったい何を目的にここまで残忍な犯行に及んだのか、ベテラン捜査員でも頭をひねるばかりだった」（フリージャーナリスト）

犯人は女子高生２人の手を縛った際、テープの裏を触っており、そこから指紋とＤＮＡを採取することができた。その後、非常に酷似した指紋の男性が捜査線上に浮かんだが、男性にはアリバイがあったため捜査はストップした。

使われた銃は弾丸の線条痕などから、フィリピン製のスカイヤーズビンガムの38口径回転式ピストルと判明。だが国内でもヤミで大量に取り引きされている銃だったため、犯人特定には至らなかった。指紋、ＤＮＡと同様に遺留品、多くの不審者の目撃情報からも残念ながら犯人につながる情報はいまだ見つかっていない。

第一発見者である稲垣さんの知人男性は真っ先に取り調べを受けたがシロとされ釈放された。

しかし、この事情聴取にあまりにも時間をかけ過ぎ、捜査本部の設置が事件発生から6時間以上も経過していたなど、初動捜査が遅れたのだ。
「さらには時期的な不運も重なったと言える。事件当時、オウム真理教による地下鉄サリン事件や国松警察庁長官狙撃事件など、世間を揺るがす凶悪事件が連続して発生し、捜査員が慢性的な不足状態にあった」（元警視庁捜査員）
店長や同僚、常連客、出入りの納品業者、ゴミ回収業者、清掃作業員まで任意で取り調べを続けたが、有力な情報は何も出てこなかった。金銭目的か、怨恨か、犯人の目的さえも解明できていないのが実情のようだ。

死刑確定の元暴力団員が事件を供述

2007年には、事件発生直後、現場近くに不法滞在していたフィリピン人が国外脱出していたことが判明。フィリピンまで捜査員を急行させたが、有力な捜査協力者が行方不明になるなど、壁にぶち当たってしまい手ぶらで帰国することになったという。

その翌年も中国公安当局から、覚せい剤密輸事件で死刑が確定している日本人の元暴力団員が「配下が八王子のスーパーの事件に関与した」と供述したと知らされた。すぐにその元暴力団員を調べると、日本人と中国人の混成強盗団を結成し、過去に被害者を粘着テープで縛り上げて現金を強奪するという事件を起こしていた。その手口がスーパーナンペイの事件によく似ていたのだ。

さっそく捜査員を中国へ派遣して、元暴力団員を取り調べたが、肝心な点になると供述が二転三転するなど信用性が低く、事件との関連を確認することはできなかった。

事件発生から30年近くが経過した現在でも、わずかな可能性を信じ、事件後に死亡した日本人や外国人による犯行の疑いも含め捜査は続いている。

現場のスーパーは事件から３年後に閉鎖。建物も取り壊され広大な駐車場に形を変えた。

稲垣さんの知人男性も当時の店長も亡くなり、確実に時代は流れたが、３名の無念はいまもって晴れされることはなく、また遺族も同様につらい時間を過ごしている。

（取材・文／本郷海）

ロス疑惑事件

一貫して「無罪」を主張した三浦和義氏の〝謎の死〟

1981/
11/18

［事件概要］

1981年11月18日、米ロサンゼルス市内で日本人夫婦が銃撃され、妻が死亡。事件後、新聞や雑誌、ワイドショーで連日のように報道され、日本中が大騒ぎとなった。マスコミに臆することなく一貫して無罪を主張し、時代の寵児となった夫の三浦和義氏だったが……。

「悲劇の男」として知られた男

1981年11月18日、米ロサンゼルス市内の駐車場で、旅行中の日本人夫婦が銃撃された。妻は頭を撃たれて意識不明の重体。太ももを撃たれた夫は「犯人はラテン系の男だった」と証言した。

なぜ妻がこんな目に、とマスコミに涙ながらに語った夫、三浦和義氏は、一躍

「悲劇の男」として日本中にその名が知れ渡った。そして、襲撃からおよそ1年後、妻は意識が戻ることとなく亡くなってしまう。

アメリカの銃社会の理不尽さを象徴する悲劇――。そんな世の評価が１８０度覆ったのは、84年1月からスタートした『週刊文春』の「疑惑の銃弾」という連載記事だった。

そこでは、銃撃事件の直前、妻がホテルで何者かに殴打されていたこと、そして妻が亡くなったことで三浦氏が保険会社３社から計１億５５００万円の保険金を受け取っていたことなどから、妻を計画的に葬り去ろうとした保険金殺人だったのではないかという疑惑を報じていた。

少年院の過去、派手な女性関係……

「悲劇の男」から一転、「疑惑の男」と名指しされた三浦氏は、ワイドショーや週刊誌から追いかけ回されるようになった。過熱報道に拍車をかけた背景には、三浦氏特有の「キャラクター」がある。石原裕次郎を世に出した有名女性プロデユーサー・水の江滝子の甥として、幼い頃から「セレブ」として育った三浦氏だったが、10代後半には強盗傷害事件などを起こして少年院に入ったこともあった。また女性関係も派手で、愛人や過去に関係を持ったという女性が次々と現れた。

そんな「疑惑」に押しきられる形で当局が動き、ほどなく三浦氏は殴打事件（1981年8月31日）で逮捕。銃撃事件前に妻が殴打されたことについて、「自分が実行した」と主張する、三浦氏の愛人だったポルノ女優が現れたことが大きなきっかけとなった。

「疑惑の男」もいよいよ年貢の納めどきか——。誰もがそう思ったが、三浦氏は一貫して無罪を主張。それだけではない。拘置所の中から、「容疑者」段階にもかかわらず「犯人」だと断定して報道したマスコミほぼすべてを相手に、名誉毀損訴訟を起こして連戦連勝したのだ。ち

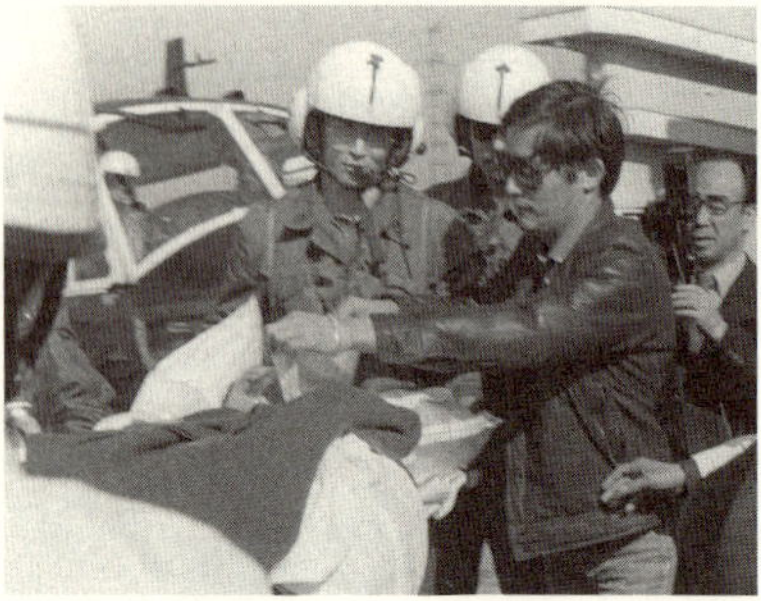

1982年1月20日、米軍ヘリで移送された妻に付き添う三浦氏

なみに、現在、逮捕された容疑者の手錠がテレビニュースでモザイク処理されるのは、三浦氏がテレビ各局に勝訴したからだ。

かくして2003年3月5日。殴打事件で実刑判決を受け、三浦氏は2年6カ月服役したが、銃撃事件に関しては完全無罪を勝ち取った。この間、三浦氏が拘置所・刑務所にいた期間は16年に及んだ。こうして「疑惑の男」から「冤罪の男」となった三浦氏は、失われた時間を取り返すかのように精力的に活動を開始。冤罪事件の支援、著述業、バラエティ番組への出演、さらには叔母のように映画のプロデューサーまで務めた。

事件の捜査を続けていたロス市警

だが三浦氏は、わずか5年あまりで再び塀の中に戻される。2008年2月22日、友人らと遊びに行ったサイパンで、現地に出向いたロサンゼルス市警に殺人容疑で逮捕されたのだ。日本では「無罪」となったが、米捜査当局では三浦氏はいまだ銃撃事件の「容疑者」だという説明だった。日米でさまざまな議論がなされるなか事件は衝撃的な幕切れをする。ロスに移送された直後、留置所で三浦氏が死んでしまったのだ。警察の説明ではシーツで首を吊ったということだった。

三浦氏の犯行の動機には「ジェーンドゥ88事件」(88番目の身元不明女性事件)があるという指摘がある。銃撃事件の2年前、ロス郊外でミイラ化した女性の遺体が発見された。その後の調査で、それが当時、三浦氏と交際していた女性だったということ、さらには三浦氏が彼女のキャッシュカードで口座から金を引き出していることなどが判明していたのだ。

日本では証拠不十分で無罪となったこの事件だが、ロス市警では捜査を続けており、サイパンで逮捕したのも、何か新たな「物証」をつかんだからではないかという指摘があった。銃撃事件ならいざしらず、こちらで何か出たらもう逃れようはない。その絶望が三浦氏を死に追いやったのではないかというのだ。ただ、三浦氏の弁護士は真相が明るみになるのを恐れた何者かが口封じをしたと「他殺」を主張。こうして「疑惑の男」は、最後に大きな「謎」を残してこの世を去った。

(文/窪田順生)

第二章

戦中・戦後から50年代の未解決事件

横浜事件

官憲の陰謀、言論人の大量検挙

1944/1/29

終戦直前に特高によって多くの言論人が逮捕された。
言論人たちの容疑は、日本共産党再建準備会の結成。
しかし、彼らは共産党員ではなく、特高のでっち上げだった。
にもかかわらず、裁判で有罪判決が下り、無実の訴えは退けられた。

［事件概要］

1944年1月29日、中央公論社と改造社の編集者9人が、神奈川県警察部特高課（特高／日本の秘密警察）に検挙された。容疑は治安維持法違反である。その後、朝日新聞社、岩波書店などに属する出版人が次々と治安維持法で逮捕された。

その数は約60人、未確認者も入れれば90人が、神奈川県特高課によって革や竹刀によって殴打され、失神するとバケツの水を浴びせられるなどの激しい拷問を受けた。そして、4人が獄死する。さらに1人が保釈後に死亡し、30人が負傷した。この一連の事件が「横浜事件」と呼ばれるものだ。

しかし、彼らにかけられた治安維持法違反の容疑はすべてでっち上げだった。これを遡る1942年9月14日、内務省は総合雑誌『改造』（8月号および9月号）に掲載された論文「世界史の動向と日本」が、出版法違反にあたるとして執筆者である細川嘉六《かろく》を検挙した。この論文が「共産主義宣伝」であるとされたのだ。

この検挙の3日前、神奈川県警特高課はアメリカで労働運動を研究していた川田寿とその妻を、帰国した際に「アメリカ共産党の指令を持ち帰った」ということで逮捕する。

しかし、これもでっち上げだった。彼らが共産党員であったことはない。そして、川田の関係者である世界経済調査会の高橋善雄、さらには高橋の関係者の満鉄調査会の西沢富夫と平館利雄を1943年5月、続けざまに検挙した。特高はその西沢を検挙する際、家宅捜索で一枚の写真を見つける。

その写真は細川嘉六が1942年7月に親しい編集者や研究者を招いて開いた1泊2日の懇親会を写したものだった。しかし、特高は懇親会を「日本共産党再建準備会」であると勝手に決めつけ、その写真に写っていた人を片っ端から逮捕し、拷問にかけたのだ。

なおかつ、特高は、彼ら全員を終戦まで拘束し、1945年10月に治安維持法が切れる直前に30人を起訴した。判決は細川を除く大部分が執行猶予付き有罪となったが、公判の記録はGHQによる戦争犯罪の訴追を恐れた政府関係者によって、すべて焼却されて残っていない。その後細川も保釈中の10月に、治安維持法の廃止により刑を免れている。

だが、特高によるでっち上げで亡くなった5人の命は、もちろん戻らなかった。

これによって、事件で逮捕された人たちはすべて釈放されたが、彼らが有罪であるのは変わらなかった。戦後、有罪とされた人たちやその家族や支援者は、無実を訴えて再審請求を続けた。

２００５年には再審が行われたが、免訴判決が下され裁判は中止。無罪の訴えは排除されてしまった。結局、事件はうやむやにされてしまい、解決したとは、とうていいえなかった。

なお、取り調べを担当した特高の警察官は、戦後、横浜事件で被告になった被害者から告訴され有罪判決がおりた。

しかし、特高警察官たちは、１９５２年４月のサンフランシスコ講和条約発効による大赦で、刑を逃れている。

（文／九鬼淳）

横浜事件発祥の地

「アナタハンの女王」事件

「女王」と32人の男たちの地獄絵図

1945〜1950

［事件概要］

終戦直後、太平洋に位置する孤島で発生した集団大量殺人事件。32人の男たちが共同生活の果てに、一人の女をめぐって殺し合ったのだ。女は帰国後、自らの命も危なかったと涙ながらに語ったが、世間からは色眼鏡で見られ続け、失意の最期を遂げた。

無人島で繰り広げられた愛憎劇

1950年6月28日、マリアナ諸島・アナタハン島の沖に停泊していたアメリカ海軍の船が、ジャングルの椰子《やし》の木に登って必死に布を振る女性を発見した。女の名は、比嘉和子（当時27歳）。一緒に暮らしていた男たちが殺し合いをして、自分も殺されそうになって逃げてきたという。米海軍は首をかしげた。この島には、45年に日本が降伏したあともその事実を信じることができない日本兵たちが潜伏しているということを把握しており、この5年間、投降を呼びかけていたが、反応はなかった。なぜここにきて女性だけが。そしてなぜ「仲間割れ」をしているのか——。これが32人の男と一人の女が繰り広げた、いわゆる「アナタハンの女王事件」発覚の経緯だ。

物語は44年、南方戦線も激しさを増していくなか、アナタハン島の近くを通りかかった日本の食料補給船が空襲を受けたことに始まる。船は撃沈。兵士や船員は海に放り出され、31人が命からがら島にたどり着いた。島には、カナカ族という現地住民のほか、二人の日本人がいた。現地でコプラ栽培をしていた南洋興産会社の現地所長、そして和子だ。彼女の夫も同社の社員だったが、戦況が激しくなったために別の島にいる親族を迎えに行き、そのまま音信不通となっていた。

比嘉和子は帰国後、世界中から好奇の視線を浴びた

オスの本能に火をつけた肉感的な肢体

米軍の攻撃に怯《おび》えながら助け合って生き延びていた日本人たちだったが、やがていさかいや口論が絶えなくなる。原因は和子だった。「美人」とは言い難いが健康的で、何よりも肉感的だった。衣服も戦火でボロボロになったことで木の皮を腰に巻いている以外、豊満な乳房は常にむき出し。これで32人のオスの本能に火がつき、和子をめぐる「争奪戦」が繰り広げられたのだ。和子も男から強く求められると拒めない性格で、それが競争をさらに激しいものとしたのである。

やがて日本が降伏したことで空襲がぱたりと止《や》み、米軍から投降を呼びかけられる。カナカ族は素直に従ったが、33人は「罠」だと身を潜めた。これで和子をめぐる争いがさらに激化していく。

彼らのなかでは「戦時下」だったが、空襲は来ない。ゆえに生活も安定し、作物や自家製のヤシ酒もつくるまでになっていた。「生」が確保されれば次に関心が向かうのは「性」である。

32人いた男たちは19人に減少

男たちの獣のような視線にさすがに身の危険を感じた和子は、「護身」の目的で所長と結婚。しばらく平穏な日々が続いたが、一部の男たちが島の山中で、B29の残骸を発見し、そこでピストル2丁を発見したことをきっかけに「死闘」が始まる。ピストルを手にした男が、和子を所長から奪い、逆にその所長に殺されるという事件が起きたのだ。その後も和子をめぐる「殺し合い」は続き、結局5人の男が和子の「夫」となり、その全員がすべて殺されるという事態が起き、残された男たちの間でも、和子をめぐって口論や対立が勃発。気がつけば、32人いた男たちは19人になっていた。

このままいけば皆殺しだ。そう考えた男たちは話し合い、ある解決策を見出す。すべての争いの原因は和子なのだから、あの女さえいなくなれば平和がもたらされるはずだ。「私刑」されるということを察知した和子は、住んでいた小屋を逃げ出し、ジャングルをさまよい歩き、命からがら米軍へ投降をしたというわけだ。

世界中に広がった「悪女伝説」

このショッキングなニュースは世界中に広がった。日本でも和子は「アナタハンの女王蜂」と呼ばれ、男たちを性で虜《とりこ》にした悪女、獣のような性欲で男たちに君臨した女王蜂だとはやしたてた。もちろん、真相はわからない。和子の語ることと、男たちが語ることには微妙な温度差があった。誰が殺して、誰が悪いのか、すべては南国の島に置き去りにされたのである。

やがて和子本人が主演する映画もつくられ、地方巡業も行われた。こうして一躍、時の人となったが、ブームはあっという間に終わった。収入がなくなった和子はひっそりとガソリンスタンドで働き、言葉巧みに騙されストリップに出演することもあった。その後、心身ともに疲れ果てた和子は、故郷の沖縄に戻り、連れ子のいる男性と再婚。夫婦でひっそりと、たこやき屋を営み、49歳の生涯を閉じた。

子供たちに残した末期《まつご》の言葉は、「愛が足りなくてごめんね」だったという。

（文／窪田順生）

戦後最大にして最悪の「大量毒殺」事件の真相

帝銀事件

［1948/1/26］

［事件概要］

1948年1月26日、太平洋戦争後の混乱期、GHQの占領下で起きた大量殺人事件。手慣れた手口のため犯人は医学的な知識を持つものだと推測されたが、逮捕されたのはテンペラ画家・平沢貞通だった。12人が犠牲となった戦後最大の毒殺事件。

絶命する行員を尻目に犯人は消えた

1948年1月26日午後3時過ぎ、東京都豊島区長崎にある帝国銀行（のちの三井住友銀行）椎名町支店に、「東京都消毒班」の腕章をした男が入ってきて、閉店の作業をしていた行員たちにこんなことを言った。

「近くで集団赤痢が発生した。感染者の一人がこの銀行に来たことがわかった。

これからGHQが消毒するが、その前にこの予防薬を飲むように」

戦争の爪痕が残る当時の東京は衛生状況が悪く、腸チフスなどさまざまな感染病が蔓延《まんえん》して問題となっていた。真剣な眼差しで話に耳を傾ける行員たちに、男は2種類の薬を手渡した。これはよく効くが強い薬で、飲むとウイスキーのように胸が熱くなる。それに耐えつつ1分経過したら症状を緩和させる薬を飲む。そんな手順を説明しながら男は薬を飲んでみせると、行員16人も次々に薬を口に運んだ。1分が過ぎ、2番目の薬も全員が飲み込んだ。

ほどなく「異変」が起きる。胸やけどころか、全員が凄まじい苦しみに襲われたのである。ある者は口をゆすぎに向かった水飲み場で倒れ、ある者はどうにか戻った自分の席で意識を失った。こうして10名が絶命し、残りの6名も虫の息だった。そんな凄惨な現場を尻目に見ながら、男は支店長に差し出した名刺、そし

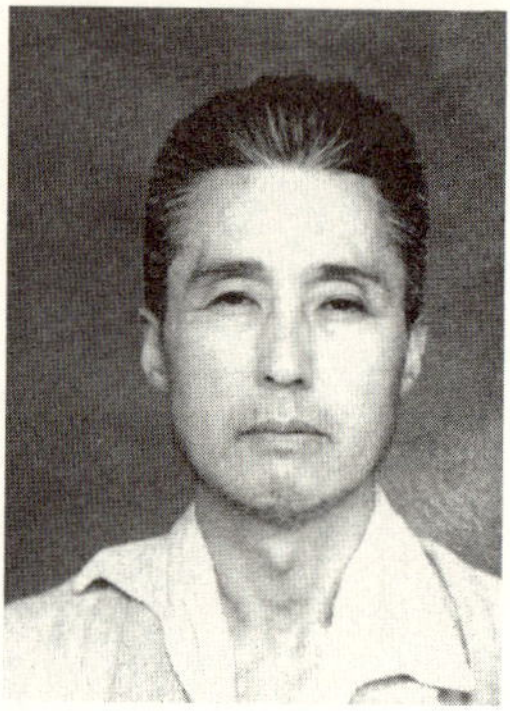

逮捕された画家・平沢貞通。死刑執行されぬまま獄死

て自分が口をつけた茶碗を回収し、出納係の机の上にあった現金16万円と小切手を手に取って悠然と銀行から去っていった。その後、一人の女性が朦朧《もうろう》としながらはいつくばって外へ助けを求めたことで、事件が発覚。6人は救急車で病院に搬送されたが、2名は死亡。これがいわゆる「帝銀事件」の概要である。

軍隊経験のある医師の線で捜査するも……

警察がまず着目したのは2件の類似事件だった。この1週間前に三菱銀行中井支店、そして1947年10月にも安田銀行荏原《えばら》支店に、よく似た風貌の男が同様の手口で行員らに薬を飲ませようとしたが、いずれも未遂に終わっていた。つまり、これらは「予行練習」だった可能性が高いのである。

また、犯行に使われた毒物が青酸化合物ということ以外は何も判明しなかったことから、かなり高度な医学的知識を持っている者だと推測。さらに「大量殺人」を躊躇なく、冷静に実行に移していることから、軍隊経験のある医師の線で捜査が進められた。

しかし、事件から約7カ月後、そんな犯人像とかけ離れた男が逮捕される。テンペラ画家の平沢貞通だ。彼が「容疑者」とされたのは、「1枚の名刺」がきっかけだ。実は三菱銀行に現れた男は、「厚生技官　松井蔚」という名刺を出しているのだが、これは当時、仙台に赴任中の実在の人物で名刺も本物だった。そこで松井本人から名刺を受け取った人物に絞って捜査をしていたのだ。そのなかで平沢が「クロ」とされたのは、過去に銀行相手に詐欺事件をした「前科」があるということもあるが、出所不明の大金を所持していたことが大きかった。

当時の刑事捜査は「拷問」が当たり前で、平沢も暴行を受けながら自白を強要された（強要はなかったという説もある）。裁判では一転して無罪を主張したが、55年に死刑が確定。こうして帝銀事件は幕を閉じた、かに思われた。

不自然に歪められた「組織的犯行」の線

しかし、死刑確定後も平沢の冤罪を主張する声が噴出したのである。旧日本陸軍で「細菌戦」を想定し、さまざまな人体実験もしていた「731部隊」にいた医師が関わっていた。あるいは、米軍自体が犯行に関与していたのではないかという「陰謀説」まで飛び出した。

その根拠となったのは、「731部隊にいた医師」の線で取材を進めていた新聞記者が警視庁幹部から「米軍が困るので、手を引いてくれ」と頼まれたという話をのちに明かしたことだった。たしかに、事件から2日後の「朝日新聞」（東京版）には、帝銀の前に自動車と二人組の男が待っていて、犯人が乗り込み走り去ったという証言が掲載されている。「組織的犯行」が時を経るにつれて「単独犯」へと不自然に歪められているのだ。

平沢は死刑執行されぬまま1987年に獄死。晩年、支援をしていた作家・森川哲郎に「出所不明の大金」は、副業として春画を描いて売った金だと告白。それを裏づけるかのように平沢が描いたとみられる春画が複数見つかっている。

事件直後に目撃された「自動車と男たち」が誰だったのかは、いまもわかっていない。

（文／窪田順生）

免田事件

自白強要、アリバイ無視、34年を奪った警察の大罪

［1948/12/30］

［事件概要］

1948年12月30日、祈祷師一家が襲われ夫婦が殺害、娘二人が重傷を負った。容疑者として免田栄さん（当時23歳）が逮捕され死刑の判決が下されたが、事件発生から34年6カ月後、死刑囚に対しては初となる再審無罪判決を勝ち取った。

山仕事でナタを使っていただけで

終戦から3年が経った1948年12月29日、午後11時半頃のこと、熊本県人吉市北泉田町で、日本軍の軍服を着た男に、祈禱師《きとうし》の夫婦が頭や首をナタでメッタ打ちにされ死亡、14歳の長女と12歳の次女も頭を斬りつけられ、重傷を負った。日をまたいで、午前3時20分頃、歳末警戒に出ていた次男が自宅前で、長女の叫

び声を聞き、事件が明るみになった。

事件で逮捕されたのは、植林の仕事に携わっていた免田栄さん（当時23歳）だった。警察は免田さんが山仕事でナタを使っていたことからマークしたのだった。

死刑判決から再審の末、無罪になった免田栄さん（左）と同じく再審で無罪確定した菅家利和さん

ただ、証拠は何もなく、警察は玄米ともみを盗んだとして逮捕し、警察に連行した。半世紀以上にわたって冤罪の温床となっている別件逮捕であった。証拠がないばかりでなく、免田さんには事件が起きた日の夜のアリバイもあった。免田さんは人吉市内にある特殊飲食店に行き、その店で娼婦と一晩を過ごしていた。弁護側は、店に宿泊していたことを裏づける台帳などを証拠として提出したが、これらの証拠は裁判では一切無視された。

容疑を認めさせる激しい取り調べ

裁判で有罪判決が下された理由は、警察が強引な取り調べから引き出した免田さんの自白だけだった。免田さんは、1949年1月13日に窃盗容疑で逮捕されたのち、16日まで強盗殺人の自白を迫られたのだった。その間、横になって眠ることは許されず、怒鳴られ、殴られ、睡眠不足で意識が朦朧とするなかで、免田さんは容疑を認めてしまったのだ。

その後の裁判で、免田さんは無実を訴えたが、51年12月25日、最高裁で死刑判決が確定。それから6次に及ぶ再審請求をして無実を訴え、83年7月、日本の裁判史上で初めて死刑囚が無罪判決を勝ち取ることになった。

果たして、祈禱師夫婦を殺害した犯人は誰なのか。その当時、人吉市内は、鹿児島と熊本を結ぶ交通の要衝《ようしょう》として闇市も立ち、物資を求めて多くの人が行き交ったという。犯人は雑多な人波にまぎれて、消えたのか。

（文／八木澤高明）

下山事件

怪死した国鉄総裁、昭和最大の「謀殺」ミステリー

1949/
7/5

［事件概要］

1949年7月5日、国鉄の下山定則総裁が出勤途中に失踪、翌日未明に死体となって発見された。亡くなった際の状況や不可解な死因などから、事件発生直後よりさまざまな憶測を呼び、世間の耳目を大いに集めた。昭和最大のミステリーの一つである。

忽然と姿を消した国鉄初代総裁

戦後間もない1949年7月6日の未明。東京足立区綾瀬《あやせ》の常磐線の線路でむごたらしい遺体が見つかった。D51によって首、胴体、右腕、左足、右足首の5つに轢断《れきだん》されたその男性は、わずか1カ月前、国鉄初代総裁に就任したばかりの下山定則（当時47歳）だった。

謎の死を遂げた国鉄初代総裁・下山定則

前日の朝、いつものように大田区上池台の自宅へ迎えにきたビュイックに乗り込んだ下山は、東京駅前にある国鉄本社に向かう前、日本橋三越に立ち寄って「5分で戻る」と店内に入り、そのまま忽然《こつぜん》と姿を消していた。

そこから遺体として発見されるまでおよそ15時間。下山の身に何が起きたのか。目撃証言によると、遺体発見現場にほど近い東武伊勢崎線五反野駅改札の職員が、5日午後1時45分に下山らしき男性を確認。その後、男性は駅に近い「末広旅館」に滞在。さらに午後6時から8時にかけて五反野駅周辺でも目撃されている。ということは、夜8時から遺体発見までの4時間あまりに「何か」があったということになる。

人員整理で精神的に追いつめられ

そこで、まず当時有力とされたのが「自殺」だ。実は下山が行方不明となる前日、国鉄は3万7000人の人員整理を発表。これは計画の第1弾で、遺体が発見された6日後にはさらに6万3000人の首切りを行うと宣言している。

戦後、庶民の生活が苦しい時代に、これほど多くの人を路頭に迷わせねばならないことが、総裁である下山の精神を追い詰めたのは容易に想像できる。実際、下山は睡眠薬を服用し、行方不明になる前日には突然、周囲に怒鳴り散らしたり、夜食のアイスを垂らしながら食しても、まったく意に介さなかったりと、「情緒不安」の兆候がみられたという。これに加えて名刑事として知られる平塚八兵衛が失踪直後、自宅で下山の妻から「自殺ではないか」と懸念する声があったことを「毎日新聞」が大きく報道している。

「他殺説」の根拠となった司法解剖の結果

一方で、当初から「他殺」を疑う声も出ていた。失踪直前、国鉄には下山の

「殺害」を示唆するような不審な電話があったことから、大規模な人員整理に反発する勢力の犯行ではないかというのだ。なかでも、囁かれたのは、「共産テロ」である。当時、GHQは公務員や民間企業から共産主義者とそのシンパを追い出す、いわゆる「赤狩り」を進めており、共産党員が多い国鉄内部では反発の声があがっていた。そのなかでの「過激派」が下山を拉致、殺害したのではないかというのだ。

そんな「他殺説」の根拠となったのが、司法解剖を行った東京大学法医学教室が、遺体の傷に皮下出血などの「生活反応」がなかったこと、そして現場に血痕などの血液反応がほとんど確認されなかった、と指摘したことだ。これはつまり、別の場所で何者かによって殺害された後、現場に運搬されて線路に放置をされたことを意味する。さらに、極度の近眼であった下山のメガネが現場から見つかっていないことや、日本で初めて行われたルミノール検査をしたところ、現場から上り線方面へ点々と微量の血痕が確認されたことなども、「遺体運搬説」を補強する材料となった。

「不可解だが証拠がない」

もちろん、これらの指摘にも異論は唱えられた。遺体の損傷はかなり激しく、皮下出血の有無についても当時の法医学では見解が分かれた。さらに、当日の夜は雨が降っており、血液が流れてしまった可能性もある。ルミノール検査も現代の科学捜査ほどの信頼性はない。ましてや発見されたという血痕も下山のものかどうかもわからないものだった。

自殺か、他殺か――。論争はやがて見解の異なる法医学者3名を国会に証人喚問をする事態にまで発展したが、警視庁内でも捜査一課が自殺、捜査二課が他殺を主張するなど見解が真っ二つに分かれたまま、1949年の年末に捜査本部を解散。さらに、その年明けには、「自殺説」の根拠となる捜査情報がまとめられた内部資料「下山国鉄総裁事件捜査報告」が『文藝春秋』などに「流出」し、「不可解だが他殺を裏付ける証拠もない」というグレーな結末を迎えた。

こうして「下山事件」はその後、たて続けに起こった三鷹事件、松川事件という「謎の多い列車テロ」とともに真相に謎が残る「国鉄三大ミステリー事件」と称されることとなったのである。

松本清張が唱えた「替え玉説」

そんな国鉄の闇に再び光が当てられたのは、事件から10年が経過した1960年。『週刊文春』で始まった松本清張の連載「日本の黒い霧」だった。このなかで事件をあらためて検証した清張は、現場付近で目撃された男性は下山ではない「替え玉」であるとして他殺説を支持。さらに、それだけではなく、これはGHQで共産主義勢力弱体化に向けて暗躍していた諜報組織「キャノン機関」が仕掛けた「謀略」だった、という推理を披露して日本中に衝撃を与えた。

下山を「共産テロ」に見せかけて殺害すれば、日本国民の「共産主義への嫌悪感」を促すことができる。そうなれば、国鉄の人員整理をスムーズに遂行するだけではなく、「赤狩り」に対する反対意見の封じ込めができるというわけだ。国民的人気を誇る小説家がこのような陰謀論を唱えた背景には、三鷹事件、松川事件で逮捕された国鉄内部の共産党員たちにアリバイなどが証明され「冤罪」だったということがわかってきたことがある。「国鉄三大ミステリー事件」は共産主義者に罪を着せた「謀略」ではないかというムードが徐々に高まってきており、清張はそこにトドメを刺したわけだ。

その後も清張説を補強するようなさまざまな声が出た。事件当時から取材をして、他殺説を唱えていた朝日新聞の矢田喜美雄記者は73年に『謀殺 下山事件』を上梓《じょうし》。アメリカ軍内の防諜機関に命じられて死体を運んだ人物に接触し、その証言を掲載した。また、自身の祖父が、キャノン機関と関係が深いとされる、旧陸軍の特務機関「亜細亜産業」に在籍していたという作家の柴田哲孝氏も、関係者からの証言をもとに、『下山事件――最後の証言』という著書をまとめて「他殺説」を示唆している。

だが、これらにももちろん決定的な物証があるわけではない。うがった見方をすれば、戦後次々に起きた一連のテロを、「GHQの謀略」としておきたい勢力による「謀略」である可能性もある。昭和最大のミステリーの真相に光が当たるときは来るのだろうか。

（文／窪田順生）

冤罪も賠償はなし――権力の横暴が生んだ悲劇
弘前大学教授夫人殺人事件

［1949/8/6］

拷問に近い取り調べで懲役15年の刑

1949年8月6日の夜10時頃、青森県弘前市内にある自宅で寝ていた弘前大学・松永藤雄教授夫人のすず子さん（当時30歳）が、何者かによって刃物で首を刺され殺害された。すず子さんの悲鳴で目を覚ました母親が、逃げる犯人を目撃。その目撃情報や衣服の血痕などが決め手となり、近くに住む那須隆さんが逮捕された。

身に覚えのないと言う那須さんに対して拷問に近い取り調べが行われ、また、ずさんな血痕や精神鑑定により、那須さんには懲役15年の刑が下される。

ところが、出所後の71年、那須さんの幼馴染みだった滝谷福松が、真犯人だと

記者会見する那須隆氏（右）

告白。事件時、滝谷も容疑者の一人としてマークされていたが、周囲にアリバイ工作を依頼し逃れていたのである。77年にようやく再審が始まり、血痕鑑定は捏造《ねつぞう》された疑いが濃厚と判定された。そして、事件発生から27年目にして那須氏の無罪が確定したのだ。

その後、那須さんは国家賠償請求訴訟を起こしたが、国側の過失責任は否定され、全面敗訴となった。有罪判決の柱となった証拠の大半に疑問があったにもかかわらず、国家賠償を認めない判決は司法の闇を物語っている。

（文／本郷海）

松川事件

国鉄三大ミステリー事件「脱線転覆」は謀略か

1949/
8/17

労働争議が各地で勃発

1949年8月17日未明、福島県の現・福島市松川町付近を走っていた旅客列車が脱線転覆。先頭の蒸気機関車の乗務員3人が死亡した。レールが不自然に移動していたことが現場検証で明らかになった。

事件当時、不景気で政府は国鉄職員を含め公務員の大量人員整理を発表。また、民間企業でも大量の首切りに着手していた。

これらに抵抗する労働争議が各地で勃発しており、捜査当局はこの事件を、現場近くで大量人員整理に反対する東芝松川工場労働組合と国鉄労働組合の共同謀議による犯行として捜査、計20人の両組合員が続々と逮捕・起訴された。

脱線転覆した機関車

一審では全員が有罪（死刑5人）だったが、二審では3人が無罪判決となった。この頃から支援運動が展開。59年、最高裁は二審判決を破棄し、仙台高裁に差し戻しを命じた。

その後、61年の差し戻し審で全員が無罪判決となり、2年後に無罪が確定したのである。

高まる労働運動を抑えるための国家が仕組んだ謀略との説が流れ、真犯人と称する人物の告白などもあったが、64年に時効が成立した。

（文／本郷海）

財田川事件

戦後混乱期に発生した死刑冤罪事件

1950/
2/28

地元では有名な不良というだけで

１９５０年２月28日、香川県三豊郡財田《さいた》村（現・三豊市）で闇米を扱う杉山重雄さん（当時63歳）が惨殺遺体で発見、同年４月には強盗傷害事件で谷口繁義さんが逮捕される。

谷口さんは、地元では有名な不良でアリバイも明確ではなかったため、取り調べは過酷を極めた。連日、刑事から暴行を受けて自白を迫られた。追い詰められた谷口さんは罪を認め起訴される。公判では一貫して無実を訴えたが、ズボンに付いた血痕などが証拠となり死刑判決が言い渡され、57年に刑が確定。

だが谷口さんは諦めていなかった。血痕の再鑑定を依頼する手紙を高松地裁に

無罪判決を受け、支援者と喜ぶ谷口繁義さん（中央）

出していたのだ。

これを12年後に偶然、矢野伊吉裁判官が目にする。文面から誠実な心情を読み取り、判事を辞任して弁護士となり再審請求活動を開始したのだ。

矢野弁護士は証拠品や調書を丹念に検証。それらの多くが検察や警察によって捏造されたものであることを暴く。そして79年に再審が開始され、84年に無罪判決を勝ち取った。

事件は戦後の混乱期に発生し、痴情のもつれや怨恨、強盗など、あらゆる動機が考えられたが、迷宮入りとなっている。

（文／本郷海）

八海事件

法曹史に汚点を残す「拷問」冤罪事件

1951/
1/24

無罪確定まで七度の判決

1951年1月24日、山口県熊毛郡麻郷村（現・田布施町）八海の住宅で夫婦の遺体が見つかった。室内から指紋が検出され、近くに住む吉岡晃が逮捕された。

捜査当局は夫婦喧嘩に見せかけた複数人による犯行とみて、共犯者について詰問。吉岡は知り合いの阿藤周平さんらの名前を挙げた。後日、阿藤さんら4人が逮捕され、拷問のような厳しい取り調べを受け、殺害を自白させられてしまう。

公判では吉岡以外は無実を主張。しかし、全員が有罪となり、阿藤さんは死刑判決を受けた。

二審でも全員に有罪判決が言い渡され上告したが、吉岡だけは上告せず無期懲

凶器となった刃物

役が確定。以降、二度も最高裁で判決が破棄され、そのたびに差し戻し審では阿藤さんには無罪と死刑という両極端な判決が下された。

そして、三度目となった68年の最高裁で、ようやく全員の無罪が確定したのである。

阿藤さんを含め4人の被告は無実を勝ち取るまでに七度の判決を受ける異常ぶりで、法曹史に汚点を残す冤罪事件として知られる。

（文／本郷海）

闇に葬られた「死者37人」墜落事故の真の原因

もく星号墜落事件

1952/4/9

米国製航空機が理由不明の墜落

1952年4月9日、伊豆大島の三原山に旅客機「もく星号」が墜落。乗客・乗員合わせて37人の全員が死亡するという航空機事故が起きた。

この日、もく星号は午前7時42分に羽田空港を離陸。大阪を経由して福岡に向かう予定だった。もく星号は管制官から「館山から南に向かって10分間2000フィートで飛行」との指示を受ける。だが、館山以降のルート上には標高2500フィート近い三原山があるため、パイロットは抗議。そこで管制官は「館山ではなく羽田離陸から10分間は2000フィート。その後は6000フィートで飛行」と訂正した。

もく星号が墜落した三原山

この当時、航空機にはボイスレコーダーが整備されておらず、これらのやりとりも、のちにアメリカ当局から文書で日本政府に報告されたのみだ。実際の交信記録が収められたテープは提供されなかったため事実は不明である。

事故当日、三原山付近は暴風雨と濃霧だったが、のちの調査で気象や機体には問題がなかったことが判明。パイロットの操縦ミス、管制官の指示ミス、さらには米軍機による誤射など、さまざまな墜落原因が語られているが、真相は闇に包まれたままだ。

（文／本郷海）

徳島ラジオ商殺人事件

「夫殺し」の汚名のまま内妻は無念の病死

1953/11/5

ずさんな初動捜査が招いた悲劇

1953年11月5日の早朝、徳島県徳島市内のラジオ商（電器店）に何者かが侵入。店主の三枝亀三郎さん（当時50歳）が刺殺され、そばで寝ていた内妻の冨士茂子さんも負傷した。警察の現場検証で、家の外で凶器が発見され、電話線も切られるなど、外部の犯行を匂わせた。

ところが、捜査が難航したため、徳島県警はラジオ商に住み込んでいた店員の少年二人を逮捕し、長期間にわたり身柄を拘束した。無理やり冨士さんが犯人と証言させたのである。その証言を元に冨士さんは逮捕された。高圧的な取り調べの毎日で自供を強要させられたが、公判では否認を通した。

冨士さんの無念の病死から6年後、ようやく無罪判決が言い渡された

しかし、56年の一審で懲役13年の判決が下り、翌年の二審では控訴棄却。冨士さんは経済的理由から上告を取り下げ服役したのである。

66年の仮出所後、再審請求活動を開始。五度目の再審請求中の79年、冨士さんは無念の病死を遂げる。その後、遺族らによって活動が継続され第6次請求の結果、80年に再審が決定。そして、85年に冨士さんの無罪判決が出されたのだ。日本初の死後再審で画期的だったが、徳島県警と徳島地検のずさんな捜査が招いた悲劇でもあった。

（文／本郷海）

島田事件

「幼女殺し」にされた放浪青年の悲劇

1954/
3/10

知的障害者に暴行し自白を強要

1954年3月10日、静岡県島田市内の幼稚園から消えた幼女（当時6歳）は、3日後に隣村で絞殺遺体となって発見された。幼女はサラリーマン風の若い男と一緒だったとの目撃証言が複数、寄せられ、静岡県警は200人以上を取り調べたが犯人検挙には至らなかった。

5月下旬、赤堀政夫さんが逮捕された。赤堀さんは軽い知的障害を持ち、窃盗の前科もあった。その赤堀さんを刑事らは取調室で暴行し、幼女殺害を自供させたという。

公判では無実を主張したが、精神鑑定でも責任能力ありと判断され、58年の一

逮捕後35年を経て無罪判決を勝ち取った赤堀政夫さん（中央）

審で死刑判決が出された。2年後の二審、同年の上告も棄却され死刑が確定したのである。

その後、四度にわたる再審請求が行われ、83年に再審が決定。そこで、幼女殺害方法の再鑑定が行われ、死刑の根拠となった鑑定に問題があると判断され地裁に審理が差し戻された。89年、赤堀さんは釈放される。無罪判決も確定したが、真犯人については赤堀さんが逮捕されて以降、まったく捜査しなかったため、いまとなっては捜し出すことは不可能だ。

（文／本郷海）

「日本人主婦銃殺」の米軍兵士が殺人罪にならず

ジラード事件

［1957/1/30］

司法権さえも米国の管理下に

１９５７年1月30日、群馬県内の在日米軍演習地で、坂井なかさん（当時46歳）が、米兵に射殺される事件が発生した。演習地は立ち入り禁止だったが、空《から》薬莢《やっきょう》を鉄くず業者に売って生活の足しにしようと入り込む近隣住民は多かったという。その日、坂井さんが空薬莢を拾っていると、ジラード3等兵は空薬莢をライフルに装填《そうてん》し、背中に向けて空砲で命中させたのである。当初、米軍は故意ではなく事故だと強調。日本では裁判を受けさせない姿勢をみせた。

だが、ジラードが射殺したことを仲間の米兵が証言すると、かばいきれなくなり、渋々、ジラードを法廷に差し出した。結局、ジラードは殺人罪ではなく傷害致死罪で懲役3年、執行猶予4年の有罪判決を受けた。検察も控訴せず刑は確定。ジラードは日本人妻とともに帰国した。その後、91年になって、事件時に米国側が日本に対し、「可能な限りに判決を軽減」などの条件を出していたことが明らかになった。司法権さえも米国の管理下にある。

（文／本郷海）

酒癖も悪く借金癖もあった
ウィリアム・S・ジラード

美人客室乗務員とベルギー人神父の不可思議な関係

BOACスチュワーデス殺人事件

［1959/3/10］

平塚八兵衛刑事が取り調べを担当

１９５９年3月10日、東京都杉並区の善福寺川で、ＢＯＡＣ航空（現・ブリティッシュ・エアウェイズ）の客室乗務員だった武川知子さん（当時27歳）の遺体が見つかった。衣服に乱れはなく、自殺と思われたが解剖の結果、絞殺と判明する。警察が交友関係を調べたところ、ベルギー人のベルメルシュ神父が浮上。

神父はカトリックのサレジオ会に所属し、以前に武川さんと交際していたという事実をつかんだ。５月に神父を取り調べたが、教会との約束で弁護人とバチカン大使館の一等書記官が同席。のちに「吉展ちゃん事件」を解決する平塚八兵衛刑事が５日間にわたり対峙《たいじ》した。だが、神父は交際を否定し、事件とは無関係と主張した。指紋をカップから採取しようとコーヒーを出しても、警戒する神父は一口も飲まなかったという。6月に神父は突然に帰国し、疑惑が残ったまま事件は迷宮入り。武川さんが神父から違法薬物などの運び屋を強要されたが、拒否したため殺害されたとの推理もあったが、すべては謎である。

（文／本郷海）

武川知子さん。
ベルメルシュ神父と交際していたという

第三章

60年代・70年代の未解決事件

証言を拒否した〝村人〟のなかに真犯人がいる？

名張毒ぶどう酒事件

1961/3/28

〝農薬入り〟ぶどう酒は三角関係の清算のため？

1961年3月28日の夜、三重県名張市葛尾地区で開かれた会合で、農薬が混入されたぶどう酒を飲んだ女性17人が倒れ、うち5人が死亡する事件が発生。警察は、死亡女性のなかに妻と愛人のいた奥西勝さんを、三角関係を清算するための犯行とみて厳しく追及。犯行を自白させ逮捕した。

その後、起訴された奥西さんは犯行を否認。目撃情報などが、自白と矛盾するため64年の一審は無罪となった。ところが、検察が控訴した69年の二審では逆転死刑判決が言い渡される。そして、72年に最高裁は上告を棄却し死刑が確定したのだ。奥西さんは無実を訴えて再審請求を繰り返した。

だが、2015年10月、奥西さんは八王子医療刑務所において89歳で死亡した。奥西さんが犯人でないと、小さな集落に真犯人が潜むこととなって結束が乱れるのを村人らは恐れた。そこで、奥西さんに有利な証言を拒んだことで、犯人に仕立てられたとの説もある。奥西さんの親族による第10次再審請求は、24年1月に最高裁で特別抗告が棄却された。

（文／本郷海）

獄中で無実を訴えながら89歳で死亡した奥西勝さん

日本全国を巻き込んだ「ニセ札」狂騒曲

チ－37号事件

1961/12/7〜

日本各地で目撃された犯人

1961年12月7日、秋田県秋田市にある日本銀行秋田支店で、廃棄処分される予定の紙幣から非常に精巧なニセの千円札が発見された。警察は「チ－37号事件」と命名し捜査を開始。「チ」とは紙幣の偽造事件で千円札を意味する呼称で、「37号」とは37番目の千円札のニセ札事件を指していた。

驚かされるのは、新聞などで、「通し番号が曲がっている」「肖像の聖徳太子の目尻が下がっている」など、本物との違いが報道されると、すぐに改良が加えられたニセ札が発見されたことだった。

また、各地の店頭などで、ニセ札を使用する犯人らしき人物が目撃されたため、

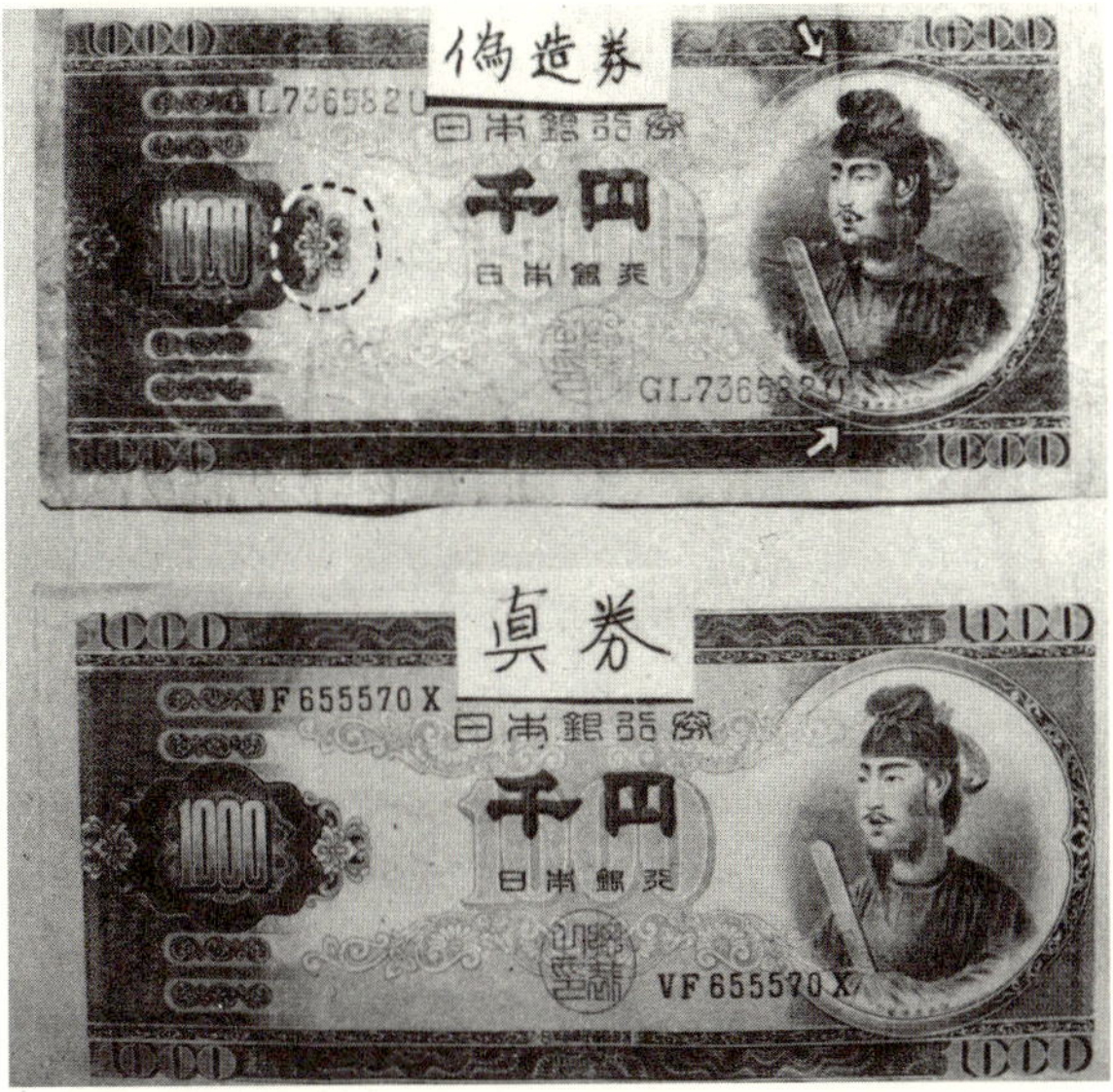

精巧なつくりだったニセ札「チ－37号」

目撃情報を元にモンタージュ写真が作成され公開されたが、有力な情報を得ることはできなかった。

63年11月1日、紙幣の信頼を維持するため、肖像が聖徳太子から伊藤博文に変更され、新しい千円札が発行された。

73年に時効が成立し迷宮入りとなったが、チ‐37号は「偽札史上最高の芸術作品」と称されている。

（文／本郷海）

草加次郎事件

2万人の警察官を振り回した〝謎の爆弾魔〟

1962/11/4〜

「草加次郎」の名が入った爆発物

1962年11月4日、東京都品川区にある歌手・島倉千代子さんの後援会事務所で、郵送された小包が突然爆発。事務員がヤケドを負う事件が起きた。小包には「草加次郎」と記されてあった。

これが、およそ1年にわたって、世間を震え上がらせた「草加次郎事件」の始まりだった。その後、「草加次郎」の名が入った爆発物が送りつけられたり、電話ボックスなどに置かれる事件が頻発。爆発して付近にいた人が負傷する場合もあった。

また、営業していたおでん屋の店主が銃撃される事件も起きた。後日、警察へ

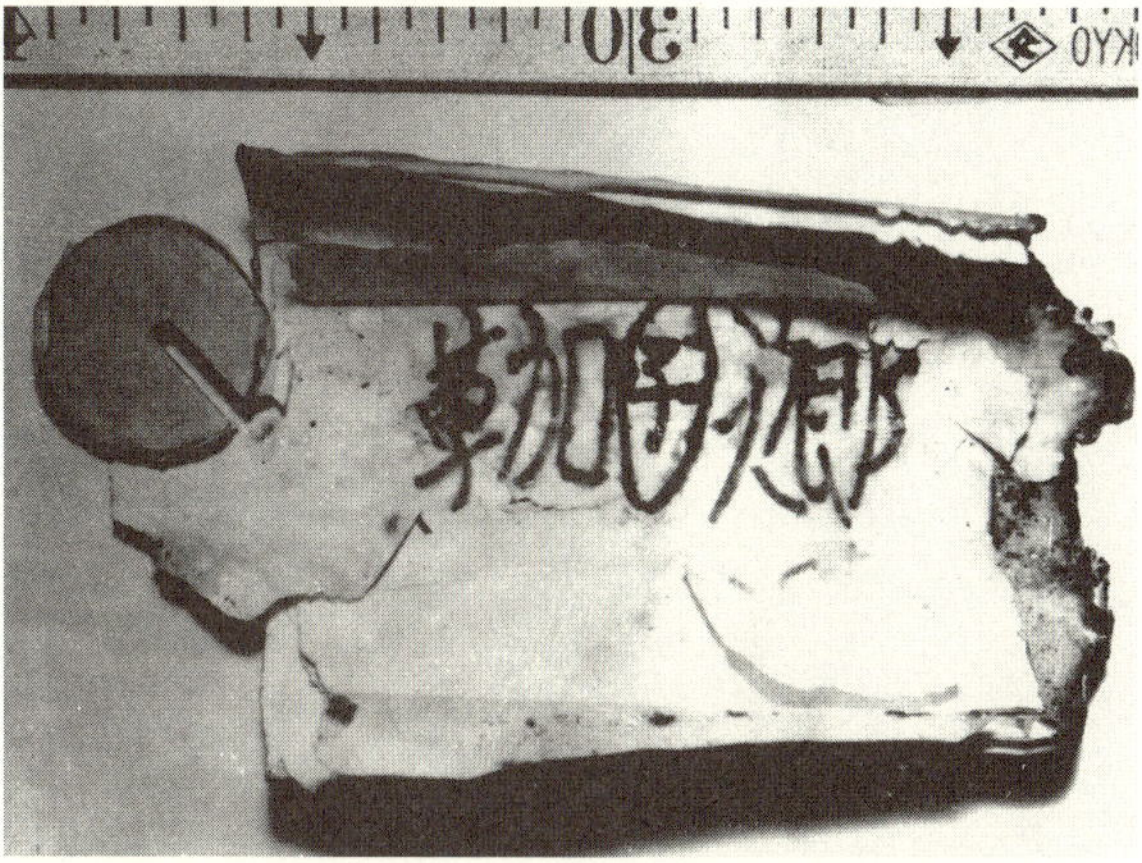

「草加次郎」名義の爆発物。犯人への手がかりは指紋と筆跡のみだった

郵送されてきた封筒には弾丸が入っており、その弾丸と店主から摘出された弾丸は材質が一致。封筒に書かれてあった草加次郎の筆跡も、これまでのものと同じだったという。さらには企業へ脅迫状を送りつけ現金を要求することもあったが、受け渡し場所に現れることはなかった。

警視庁はのべ2万人の捜査員を投入。銃や爆弾マニアなどを中心に当たったが、78年の時効までに犯人を検挙することはできなかった。

（文／本郷海）

狭山事件

被差別部落出身の青年が「犯人」にされるまで

［1963/5/1］

［事件概要］

1963年5月1日、埼玉県狭山市で発生した強盗強姦殺人事件。被害者は高校1年生の少女。犯人とされたのは遺体遺棄現場近くの養豚場で働いていた被差別部落出身の石川一雄さん（当時24歳）だった。いまも冤罪説が根強いこの事件の闇は深い。

「取れないから、おらぁ、帰るぞ」

1963年5月1日、埼玉県狭山市に住む中田家の四女・善枝さん（当時16歳）は、4月に入学した高校から日が暮れても自宅に戻らなかった。そのため、善枝さんの長兄（当時25歳）は学校まで探しに出かけたが、見つけられないままやむなく戻ってきた。その直後、玄関の引き戸に挟まれた封筒を発見。中には手紙が入っていた。

「癖《くせ》のある字体で読みにくいものの、『5月2日の夜12時に20万円を女性に持たせて「佐野屋（近所の雑貨店）」の門にいろ』『友達が車で行くから、その人に渡せ』などの文章が判読できたため、善枝さんが誘拐され、その身代金を要求する脅迫状と理解したそうです。そこで、7時45分頃に長兄は警察へ知らせました」

（当時取材した元雑誌記者）

翌日の深夜12時近く、佐野屋の横には善枝さんの次姉（当時23歳）の姿があった。周囲には桑畑が広がり、濃い闇に包まれていた。そして、その闇のなかに40名ほどの警察官が息を潜めていたのである。

日付が3日に変わってすぐに、桑畑から「オイオイ」と男の声が聞こえた。次姉は気丈《きじょう》にも、「来ているんだから出てきなさい」と話しかけた。さらに、「男らしく出てきたら」と歩み寄ったという。すると相手は、「取れないから、おらぁ、帰るぞ」と桑畑の中へと姿を消したのだ。

その瞬間、鋭い笛の音《ね》が暗闇に響き渡り、警察官たちが一斉に闇から飛び出した。ところが、警察側は犯人が車で来ると信じ込んでいたため道路沿いに警察官を配置し、桑畑はノーマークだった。照明も懐中電灯だけというお粗末な態勢も災いし、目前の犯人を取り逃がしてしまったのである。

血液型と筆跡のみで逮捕

汚名返上するべく、4日朝から警察は善枝さんの捜索を行った。その結果、自宅からおよそ4キロメートル離れた農道から、うつ伏せの状態で埋められた善枝さんの遺体を発見する。

死後3日ほどが経過した遺体の死因は首を絞められての窒息死。膣内からは血液型B型の体液が採取されたが、それ以上、犯人特定につながる証拠は見つからず捜査は難航した。

だが、遺体発見現場に近い養豚場の関係者を調べると一人だけ血液型B型の人間がいた。それが付近の被差別部落に住む石川一雄さんだった。貧しさからほとんど小学校にも通えず、読み書きが苦手な石川さんの筆跡と、脅迫状の筆跡が似ているこことが決め手となり逮捕されたのだ。
「警察は早朝から深夜まで取り調べを連日行い、石川さんの意識が朦朧としたところで、善枝さんの持ち物を捨てた場所や、隠し場所を自供させた。持ち物はすべて自供通りの場所から発見されたが、どの場所も何度となく捜索していたのに、なぜ自供後に発見されたのかは謎だ」（冤罪事件に詳しいジャーナリスト）
　その後、同年7月に始まった一審では、刑事との嘘の司法取り引きに騙され、石川さんは全面的に犯行を認めることで死刑判決を受けてしまう。だが、のちに司法取り引きがまったくの虚偽だったと気づき翌64年から始まった二審では、一転して身の潔白を主張。だが、時はすでに遅く、無期懲役の判決が下される。77年には新証拠とともに上告したが最高裁で棄却され無期懲役が確定。同年、千葉刑務所に下獄したのである。

事件直後の不可思議な死

　そして、1994年の暮れ、31年ぶりに石川さんは仮出所を果たし、2年後に支援者だった女性と結婚。２００６年には東京高裁に第３次再審請求をし、現在も無罪を求めて戦っている。

ところでこの事件では、事件に関わった人々が事件直後から次々と不可思議な死を遂げている。

「事件発生直後の同月6日、中田家で使用人として働いていた男性が農薬を飲み、井戸に飛び込んで自殺した。翌年7月には身代金を渡す役を務めた次姉が、農薬を飲んで自殺。一説には、桑畑での男とのやりとりで、真犯人が誰かを知り心労が重なったゆえの自殺ともいわれている。77年には善枝さんの次兄も首吊り自殺するなど、周辺の多くの人間が不審な死を遂げている」（元捜査関係者）

これら不審死と事件との因果関係は明らかになっていないが、18年1月、弁護団は東京高裁にコンピューターが回答した「99・9%の確率で別人」との筆跡鑑定結果を提出。今後の司法の判断が注目される。

（文／本郷海）

いまだ謎多き「国民的英雄」の本当の死因

力道山刺殺事件

1963/12/8

自己責任か?・医療事故か?

１９６３年12月８日午後10時30分頃、赤坂のナイトクラブで、プロレスラーの力道山（当時39歳）が住吉会系の村田勝志組員と口論になりナイフで刺され、15日に化膿性腹膜炎で死亡した。当初、軽傷とされ、力道山も応急手当だけで帰宅。その日のうちに村田組員の親分で、小林会を率いる小林楠扶初代会長からの謝罪にも応じたほどだった。

ところが、翌日になって症状が悪化したものの、病院で手術を受けて無事に成功。その後は順調に回復していたという。

実際、腹膜炎は完治に近い状況だったが、日頃から力道山は自身の体力を過信し、一切の飲食禁止にもかかわらず、寿司やビールを口にしたとされる。そのため、患部を悪化させたとの説もある。

また、死亡当日の午後にも力道山は腸閉塞の手術を受けたのだが、その際に麻酔医が、気管内にうまく酸素チューブを挿入できなかったという。

つまり医療事故で死亡したとの話が、後年に報じられるようになったが、裏づけとなる証拠は少なく、いまや真相は闇のなかである。

（文／本郷海）

力道山は戦後の日本人を熱狂させたヒーローだった

袴田事件

元ボクサーの人生を奪った警察の失態と「真犯人」

1966/6/30

［事件概要］

1966年6月30日に静岡県清水市で発生した強盗殺人放火事件。その「犯人」にされ、死刑判決を受け、半世紀近くも投獄されていた袴田巖さんは、2014年、念願だった再審の開始決定を受けて釈放された。その後2024年、再審の一審で無罪判決。上告はされず無罪が確定した。

自白以外に何もなかった「証拠」

1966年6月30日、静岡県清水市（現・静岡市清水区）の味噌製造会社専務宅から火災が発生。焼け跡からメッタ刺しにされ焼け焦げた4人の死体が発見された。被害者は専務夫妻と次女と長男だった。夫妻には長女がいたが、彼女は別棟で寝ていたので助かった。焼け跡からはクリ小刀1本が発見され、警察はそれ

被害者が経営する味噌製造会社の従業員だった袴田巖さん

を凶器とみた。専務宅には多額の現金があったが、現金8万円が盗まれただけだった。

被害者の専務は時計を身につけたまま殺害されていて、被害者の叫び声を隣家などで聞いた者もおらず、現金もほとんど奪われていないことから、顔見知りで被害者一家に恨みを持つ者の犯行という線が濃厚だった。ところが、この事件で警察に逮捕されたのは、会社の従業員である、元プロボクサーの袴田巖さんだった。

その年の8月18日に逮捕された袴田さんは連日過酷な取り調べにより、警察の筋書き通りに犯行を自供させられた。裁判に証拠として提出されたのは、公判の最中に突然、味噌工場の味噌蔵から発見され、被害者の血痕が付着しているとされた5点の衣類だけであった。この衣類は、死刑判決が確定したあとに行われた

ＤＮＡ鑑定において、被害者の血痕と一致しないとの結果が出ていて、警察がねつ造したことが判明している。袴田さんの自白以外に証拠は何ひとつなかったのだ。

静岡市内のバスで発見された財布

袴田さんは、再審請求が認められる２０１４年まで、45年にわたり収監された（２０２４年再審後、無罪が確定）。果たして真犯人は誰なのか。事件発生の12日後に静岡市内のバスで、現金８万円と、味噌製造会社の社長の名前で出された火事の見舞い礼状が入った「財布」が発見されている。礼状には宛名は書かれておらず、この礼状を手にすることができる人間は限られる。

そのとき、袴田さんは警察から行動確認をされていて、この財布とは無関係なことが明らかとなっている。もし警察がこの財布を落とした人物を見つけていたら、真犯人にたどりつくこともできたのではないか。

（文／八木澤高明）

マルヨ無線強盗殺人事件

史上最長の執行延期は「冤罪」の可能性が高いため？

1966/12/5

いったい誰が火を放ったのか

　1966年12月5日の深夜、福岡県福岡市にある電器店「マルヨ無線」に、元店員の尾田信夫と少年が強盗目的で忍び込んだ。宿直の店員二人をハンマーで殴り、現金などを奪う事件を起こした。逃走の際、ストーブを倒して放火し店員一人が焼死したとされる。尾田は商品を質入れしたことでマルヨ無線を解雇され、のちに少年院に送られた。そこで知り合った少年と強盗を行ったのだ。

68年、一審で尾田には死刑判決。控訴審では、「厳しく責められたことで、逃げるときストーブを蹴ったと嘘を言った」として放火を否認。しかし、70年に控訴を棄却され、同年に上告も棄却され死刑が確定。少年も懲役13年が確定した。

その後、再審請求が繰り返され、福岡高裁による二度の検証では、ストーブは足で蹴ったくらいでは倒れないことや、倒れても安全装置が働いて消火することが明らかとなった。しかし、再審はいまだ開始されていない。世界で最も長く死刑執行が延期された死刑囚と呼ばれる尾田は、現在も放火を否定している。

（文／本郷海）

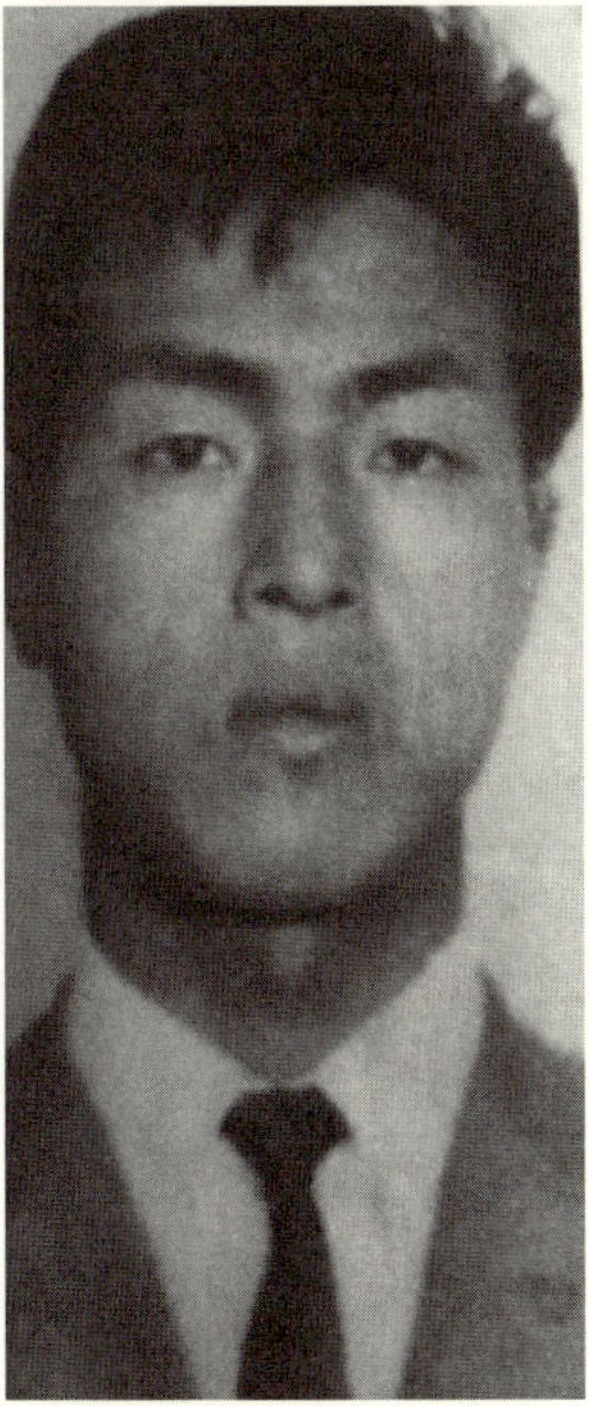

「マルヨ無線」元店員の
尾田信夫死刑囚

布川事件

自白と目撃証言だけで「無期懲役」に

1967/
8/30

「自白は刑事による強要」と全面否認

1967年8月30日の朝、茨城県利根町布川の住宅で、大工の玉村象天さん（当時62歳）が絞殺されているのが発見され、室内からは財布などがなくなっていた。前の晩に付近で不審な二人組が目撃されていることから、近くに住む桜井昌司さんと杉山卓男さんが別件逮捕された。

そして、二人に対し警察は連日、長時間の取り調べを行って心身を衰弱させ、記憶のない強盗殺人を自白させたという。公判で二人は「自白は強要」と全面否認。だが、70年に一審で無期懲役判決が出され、73年に二審では控訴を棄却された。その後、78年に最高裁は上告棄却し、二人の無期懲役が確定。千葉刑務所に

布川事件の再審第6回公判後、記者会見で握手する杉山卓男さん（左）と桜井昌司さん

収監されたのだ。

96年11月、仮釈放された二人は再審請求に注力し2009年に再審開始が確定する。そして、ついに11年に無罪を勝ち取ったのである。逮捕から44年目のことだった。

二人の自白と目撃証言のみが有罪の決め手とされたが、いずれも信ぴょう性が低いと認められた。しかし、約60年前に消えた犯人の行方はいまもわからないままだ。

（文／本郷海）

「日・米・韓・朝」神経戦の内幕
よど号ハイジャック事件

1970/
3/31

［事件概要］

1970年3月31日、富士山上空でハイジャックされた日本航空旅客機が、赤軍派の亡命のために北朝鮮に着陸させられた。しかし簡単にハイジャックを許したわけではない。赤軍派が北朝鮮へ亡命するまでに、日・米・韓・朝各国の長い攻防戦があったのだ。

ハイジャック成功までの攻防

1970年3月31日、羽田空港を離陸して板付空港（現在の福岡空港）に向かっていた日本航空351便（愛称・よど号）が、富士山上空を飛行中だった午前7時33分、日本刀や拳銃、爆弾のようなものを持った9人の男たちによって乗っ取られた。男たちは、日本での軍事革命を目指していた新左翼セクト・共産主義者同盟赤軍派（以下、赤軍派）のメンバーたちだった。

犯人グループの目的の詳細は後述するが、彼らがよど号をハイジャックしたのは、北朝鮮に渡り革命遂行の準備をするためだった。結果的に北朝鮮への亡命は達成されるが、ハイジャックがすんなり成功したわけではない。この後、よど号を北朝鮮に着陸させるまでに、3日と半日を要しているのだ。まずはその経過をたどってみよう。

国籍不明の戦闘機が「降下」を指示

飛行機を乗っ取った犯人らは、操縦室に侵入。即時、北朝鮮に向かうよう要求したが、「燃料が足りない」とウソをついた副操縦士の機転により、福岡への着陸を認めた。

福岡では警察などの不首尾のため、よど号を国内にとどめおくことには失敗するが、女性・子供・病人・高齢者を含む人質23人が解放された。

午後1時59分、よど号は犯人の要求に従って離陸。今度こそ北朝鮮に向かわざるをえないかと思われたが、ここでも抵抗が試みられた。

よど号が朝鮮半島の東側を北上していた午後2時40分頃、右隣に突如、国籍不明の戦闘機が現れた。機長が見ると、戦闘機のパイロットは親指を下に向けて「降下」を指示している。さらにその後、よど号に対し「こちら平壌進入管制」との無線が入り、航空無線の周波数を切り替えるよう指示された。いずれも、よど号を北朝鮮に向かわせまいとする韓国当局のとっさの行動だった。

「平壌到着歓迎」のプラカードで偽装工作

よど号は、韓国側の管制に誘導され、機首を南に向けて降下する。ちなみに犯人グループは、朝鮮（韓国）語はおろか英語もほとんど理解できず、機長らと管制のやりとりにまったく気づかなかったという。

午後3時16分、よど号は韓国の金浦《キンポ》国際空港に着陸。待ち構えていた韓国軍兵士らは朝鮮人民軍の軍服を着こみ、「平壌到着歓迎」のプラカードを掲げて偽装工作を行っていた。

だが、広大な空港を完璧に偽装するのは不可能だった。アメリカの航空便やシエル石油のロゴなど、共産主義の北朝鮮にあるはずのないモノを発見した犯人グループは、一気に疑念を募らせた。

彼らが最終的に、どのようにして韓国側のワナを見破ったかには諸説あり、たとえば「(北朝鮮の指導者である)金日成の大きな写真を持ってこい」との要求を出したとされる。金日成の個人崇拝に力を入れていた北朝鮮ならば、「大きな写真」などあっという間に出てくる。しかし、北朝鮮と鋭く敵対する韓国では、そうはいかない。

そのような状況から、犯人グループはそこが韓国であることを確信。この時点から3日間にわたり、犯人グループと日本政府、韓国政府、そしてアメリカ政府までをも交えた神経戦が繰り広げられる。

赤軍派はその後どうなったのか

途中、犯人の人数や配置がおおむね把握されたことで、韓国側は特殊部隊の投入を提案するが、日本の反対により退けられた。結局、山村新治郎運輸政務次官が乗客の身代わりとして人質になることで犯人グループと合意。よど号は犯人グループと乗員3人、山村を乗せて北朝鮮へと飛び立つ。

これを受け、北朝鮮当局は犯人グループの亡命を認めるとともに、乗員と山村をすぐさま日本へ送り返した。事態は一応の収束を見る。

ところで、犯人グループが北朝鮮に渡ったのは、金日成体制を自分たち赤軍派のイデオロギーで改革し、北朝鮮を世界革命の根拠地にするという、荒唐無稽な目的からだった。実際には、北朝鮮当局によって逆に洗脳され、日本人拉致の片棒を担がされている。

日本の警察当局は、1983年10月にデンマークから手紙が届いたのを最後に消息を絶った有本恵子さん、欧州滞在中の80年に失踪した松木薫さんと石岡亨さんの拉致事件について、よど号の犯人グループ、そして日本から合流した犯人らの妻たちが関与したとみて国際手配している。

（文／李策）

「革命闘争」という空虚な理想の下で「大量殺人」

連合赤軍事件

［1971〜1972］

［事件概要］

学生運動が下火となっていた1971年、二つの大きな左派派閥が合併し「連合赤軍」が誕生する。毛沢東思想に影響を受けた集団は、山岳での共同生活を続けていた。だが、そこで「総括」と称して、12名の〝同志〟を次々と殺害していった。

連合赤軍元兵士・植垣康博の告白

「坂東さんはどこにいるんですかね？」

連合赤軍元兵士・植垣康博にそんな質問を投げかけてみると、「どこなんだろうね」と思わせぶりの口調で言ったのだった。

「坂東さん」とは、連合赤軍幹部の坂東國男のことである。坂東は連合赤軍事件

副委員長だった永田洋子は2011年に拘置所で病死

による同志殺害などの罪によりほかのメンバーらとともに収監されていたが、日本赤軍が起こしたクアラルンプール事件の身柄釈放要求により、日本から出国し、いまも国際手配されている。日本を出国後、リビアに向かい、中東を拠点としていたが、中国やネパールにも入国したことがわかっている。

　政治の季節と呼ばれた1960年代が終わり、学生運動が下火になっていた71年7月、共産主義者同盟赤軍派と日本共産党革命左派がひとつとなり、連合赤軍は結成された。連合赤軍は山岳を拠点としながら、革命闘争を行うという毛沢東の理論に影響を受け、群馬県の榛名山の麓《ふもと》に山岳ベースを築いた。

　榛名山に籠った連合赤軍は、委員長・森恒夫、副委員長・永田洋子、中央委員に坂東國男、吉野雅邦らが選ばれた。榛名山での共同生活において、連合赤軍は総括の名の下に12名の同志を殺害する。

どのような状況で〝殺し〟が起きたのか

「ぴりぴりとした緊張感が漂っていて、重苦しい雰囲気でした」

ベース内の様子を語るのは、榛名山ベースにもいて、同志殺害にも加わった植垣康博である。1998年に甲府刑務所から出所し、現在は静岡市内でスナックを経営している。いかにして同志殺害という状況が生み出されてしまったのか。

「二つの組織が連合したことにより、主導権争いから、森さんの観念の世界に入ってしまいました」

浅間山荘事件後、森恒夫は拘置所で自殺、永田洋子は2011年2月に拘置所で病死。いまから50年以上前、世間に衝撃を与えた事件の記憶は薄れつつあるが、いまだに潜伏中の坂東國男が逮捕されるまで、事件は終わらないのである。

（文／八木澤高明）

土田國保邸爆破事件

警察幹部の自宅を襲った「爆弾小包」

1971/
12/18

犯行声明なき爆発。過激派による報復か

1971年12月18日の午前11時半頃、東京都豊島区内にある警視庁・土田國保警務部長宅で、郵便小包が突然に爆発する事件が起きた。夫人が居間で小包を開封すると、凄まじい爆発の威力で、床には60センチの穴が開き、ガラス窓はすべて砕け散ったという。郵便小包に書かれた差出人が知人だったため、何の迷いもなかったようだ。この爆発で、民子夫人は死亡、そばにいた四男は重傷、2階にいた次男も軽傷を負ったのである。

爆発事件が起きたちょうど1年前の同じ日、都内の交番を襲撃した過激派が、警察官に射殺されている。その際、土田國保警務部長は記者らに、「警察官の拳

会見を行う警視庁・土田國保警務部長

銃使用は正当防衛で問題はない」と発言。小包爆弾はこれに対する過激派からの報復とみられた。夕方、土田警務部長は記者会見に応じた。「私は犯人に向かって叫びたい。君は卑怯《ひきょう》だ。一片の良心があるなら凶行は今回限りでやめてほしい」。爆発した小包は、前日に東京・神田の郵便局に女によって持ち込まれたものだという。この女が何者なのかは不明である。

（文／本郷海）

疑いが晴れぬまま38年後の獄中死

三崎事件

1971/
12/21

怖くなって護身用の小刀を手に

1971年12月21日の午後11時過ぎ、神奈川県三浦市三崎町の食料品店「岸本商店」で、店主、妻、長女の3人が刃物で殺害される事件が発生。直後に小刀を持つ荒井政男が目撃され逮捕された。

荒井はこの日、家出した娘を捜していたが、事件直前は、知り合いの岸本商店の脇に停めた車で休んでいた。

11時頃、荒井は商店から走り去るオールバックの男を見る。不審に思って店内に入ると遺体があったという。怖くなり護身用の小刀を手に表へ出たところを目撃されたのだ。

静かな港町で一体何があったのか

取り調べでは犯行を自供したが裁判では否認。だが、76年の一審で死刑判決、84年の二審で控訴棄却、90年の最高裁で上告棄却され死刑が確定。その後、荒井は再審請求したが２００９年に東京拘置所で死亡した。

現場の足跡は荒井より小さく、荒井の指紋は検出されなかった。また、一人生き残った長男は、「男が階段を駆け上がってきた」と証言したが、荒井は足に障害があり階段を駆け上がることは無理だった。

（文／本郷海）

国内ビル火災史上最悪「死者118名」の大惨事

大阪・千日デパート火災事件

1972/5/13

改装工事関係者のタバコが出火原因⁉

1972年5月13日、大阪市・千日前の「千日デパート」で火災が発生。死者118名、負傷者81名という国内のビル火災史上最悪の大惨事となった。午後10時半頃、閉店した3階婦人服売り場から出火したとされる。延焼は収まったが、販売品などが燃えたことで発生した有毒ガスが、階段やダクトを伝って上昇。7階最上階にある営業中のキャバレーに充満した。当日は土曜日で店内は混雑していた。

パニックとなった客とホステスは店外へと逃げたが、非常誘導路は間仕切りで塞がれ、エレベーターも停電で動かなかった。そのため、逃げ場を失い、一酸化

千日デパートの火災の様子

炭素中毒で93名が亡くなったという。また、息苦しさに耐えかね、窓から飛び降りて死亡した人も22人いた。
千日前ビルは戦前に建てられ、当時の建築基準法には適さない状態だった。消火スプリンクラーが未設置だったことも、被害を拡大させた要因とされる。当時、3階で行われていた改装工事の関係者らのタバコが出火原因らしいが、真相はついに解明できなかった。

（文／本郷海）

「金大中暗殺」を計画、実行、阻止した〝黒幕〟たち

金大中事件

1973/8/8

［事件概要］

映画にもなった「金大中事件」は、1973年8月8日に日本で起きた事件である。軍事政権を批判する野党指導者であった金大中がKCIAによって命を狙われたのだ。重しを付けられて大阪湾に沈められる直前に、何者かによって作戦は止められた。

半亡命生活を送る金大中

1973年8月8日、日本に滞在中だった韓国の野党指導者・金大中《キムデジュン》（のちの大統領）が白昼、東京都千代田区のホテル・グランドパレスから、韓国中央情報部（KCIA）によって拉致された。

金大中は当時、日本や米国に滞在しながら本国の軍事独裁体制を批判する、半

亡命生活を送っていた。71年の大統領選挙で、金大中は現役大統領の朴正煕《パクチョンヒ》を猛追。危機感を覚えた軍事政権は、大型トラックを金大中が乗る車に突っ込ませ、交通事故に見せかけての暗殺を図る。これにより金大中は腰と股関節の障害を負い、同乗していた3人が死亡した。

さらに翌年、朴正煕は非常事態宣言を発布して国家を戒厳令下に置く。これを受け、金大中は海外にとどまることを決断したのだ。

韓国政府は当初、自主的な帰国を説得していたが、金大中が応じないとみるや、強硬手段に打って出たのである。

海中へ沈める前に米国政府が中止要請

金大中を拉致した犯人らは車で神戸市内のアジトに連れ込み、翌9日朝、大阪埠頭から偽装貨物船「龍金号」に乗せて出航。海の中へ投げ込んで殺そうと企んでいたとされるが、殺害直前に中止命令が出たため、そのまま韓国に移送した。ソウル市内で金大中を解放したのは、拉致から5日後の同月13日のことだった。

金大中の殺害が中止されたのは、米国政府の強い要請によるものだった。金大中は事件直後、次のように証言している。

「船で運ばれている途中で両足に重しを付けられ、殺されると観念したが、そのとき謎の飛行機あるいはヘリコプターが接近した。船は猛スピードで逃げようとしたが、拡声器で何かを指示され、それから船内の男たちの態度が変化し、以後は殺される心配がなくなった」

この飛行機は米軍機あるいは自衛隊機と推測されている。ところが一方では、自衛隊調査隊のダミー会社といわれる興信所「ミリオン資料サービス」が、大使館員に偽装したＫＣＩＡ要員の依頼を受け、金大中の日本での行動を監視していた事実もあった。また、２００７年に韓国政府が公表した事件の調査報告書では、ＫＣＩＡが拉致の実行前、日本の暴力団を使って金大中暗殺を検討していたことが明らかにされている。

しかし事件当時、こうした事実が、日本の警察の捜査によって明かされることはなかった。

日韓政財界の大物3人が「手打ち」

1973年9月21日、箱根の富士屋ホテル。その一室に、日韓政財界の超大物3人が顔を揃えた。

日本側からは時の首相・田中角栄と、その〝刎頸《ふんけい》の友〟といわれた政商・小佐野賢治（国際興業グループ創業者）。そして大韓航空を擁する韓国の有力財閥・韓進《ハンジン》グループ総帥の趙重勲《チョジュンフン》である。趙は、2014年話題になった「ナッツ姫」の祖父に当たる人物だ。

会談の目的はただひとつ、金大中事件の幕引きである。事件は、「日本に対する重大な主権侵害」に当たるとして轟々たる非難を呼んだが、日韓国交正常化（1965年）による巨額のジャパンマネーの韓国流入を受け、両国間に巨大な開発利権が渦巻いていた時代である。経済的利益を優先したい政財界の首脳らは〝手打ち〟を急ぎ、金大中事件は、刑事事件としての司法的な手続きを経ることなく闇から闇へ葬られたのだ。

デッチ上げを量産したKCIA

一方、この事件には、在日コリアン社会も強い衝撃を受けた。ある在日2世の男性は、「KCIAは海外まで出てきて、こんなことまでやらかすのかと不気味な思いがした」と、当時の思いを語る。

KCIAや、同様の活動を行う国軍保安司令部はこの事件に限らず、当時の軍事独裁政権に反対する人々への拷問や拉致、殺害をためらわないことで恐れられており、「人民革命党事件」（1964年）などのスパイ事件をでっち上げることもしばしばだった。彼らは在日韓国・朝鮮人さえもそのターゲットにしており、70年代には「学園浸透スパイ団事件」など数々の罪状をねつ造。これによって在日韓国人の留学生ら百数十人が逮捕され、相当数が死刑を含む有罪判決を受けた。彼らの冤罪が証明されだしたのは、ようやくここ数年のことである。

（文／李策）

甲山事件

重さ17キロのフタを開けたのは誰か？

［1974/3/17］

知的障害児施設の浄化槽から園児の水死体

1974年3月17日、兵庫県の知的障害児施設「甲山《かぶとやま》学園」の浄化槽から、男女二人の園児の水死体が発見された。浄化槽の17キロのマンホールのフタは園児に開けられる重さではなく、県警は殺人事件と断定。同学園の保母・山田悦子さんを逮捕、激しい取り調べに「私に間違いありません」と自供した。

だが、山田さんはその後、一転して否認。検察も証拠不十分として釈放したが、県警は4年後に再逮捕に踏み切り、法廷では「山田さんが男子園児を連れ出すのを見た」という園児の証言を主張した。

だが別の園児から衝撃的な証言が飛び出した。

何度も差し戻されたが山田さんは無罪が確定

「死亡した女子園児と浄化槽付近にいるとき、手を引っ張ったら女子がマンホールの中に落下した」というもの。普段から園児たちが17キロの蓋を開けて遊んでいたことも判明した。

それでも地検は控訴し、何度も差し戻し裁判が行われたが99年に山田さんの無罪が確定。23年にわたる冤罪事件だったが、男児の死亡経緯はいまだ解明されていない。

（文／鈴木ユーリ）

荒木虎美保険金殺人事件

妻子に保険金3億円。疑惑まみれの獄中死

1974/11/17

ワルの限りを尽くした男

1974年11月17日の夜、大分県別府市の港で車が海に転落した。「助けてください！」。男は釣り人に救助されたが、同乗していた妻と二人の娘は帰らぬ人となった。「妻が運転を誤って起きた事故」だと不動産業の47歳の男、荒木虎美は語った。だが地元では「保険金殺人ではないか？」と噂が広がり、警察も逮捕に踏み切った。荒木は妻子に3億円の保険契約をかけており、それまでも保険金詐欺などにより幾度も服役していた過去があった。

車体の水抜き栓は事前に5本すべてがはずされており、運転していたはずの妻のひざの傷と助手席ダッシュボードの傷跡が一致。一審、二審ともに死刑判決が

荒木はテレビ番組などにも出演し無実を訴えていた

下されたが、状況証拠だけであることから荒木は無罪を主張。証言台に立った人間を「偽証罪で訴えてやる！」と罵倒し続けたが、最高裁判決を迎える前にがんで獄死。真相は不明のままとなった。

終止強気だった荒木が一度だけ涙を見せたことがある。長男の出廷時だ。長男は「この男は死刑にしてほしい」と言った。

（文／鈴木ユーリ）

「驕れる醜い日本人に天誅を下す」ため？

青酸コーラ無差別殺人事件

1977/
1/3〜

退院翌日に「ガス自殺」した男性

1977年1月3日、アルバイトを終えた男子が東京・品川の会社寮に戻るところだった。電話ボックスにコーラが置かれていた。「ラッキーだな」と、拾って持ち帰り、寮に戻って16歳の少年が口にした途端、昏倒して死亡した。青酸中毒だった。4日、その電話ボックスから600メートル離れた場所で40代の男性が死亡していた。傍《そば》にはコーラのビンが転がっていた。同一犯の可能性が高いとみて警察が捜査に乗り出したなか、第3の事件は起こった。舞台は大阪、やはり公衆電話に置かれていたコーラを飲んだ男性が意識不明になった。一命を取り留めたが、男性は退院翌日にガス自殺するという不可解な死を遂げた。

第4の事件はその翌日、東京駅で今度は青酸入りチョコレートが発見された。箱には「驕れる日本人に天誅を下す」と記されていた。同一人物による犯行なのか、大阪の男性はなぜ自殺したのか。「愉快犯」という言葉を生み出した殺人事件は、何も答えが出ないまま92年に時効を迎えた。

（文／鈴木ユーリ）

毒入りコーラが置かれていた電話ボックス

ダッカ事件

50年近く逃亡を続けるハイジャック犯

1977/9/28

福田首相の決断は米国への「忖度」だった!?

１９７７年９月28日、パリの空港を飛び立った日航機が日本赤軍の武装グループ５名によりハイジャックされた。彼らの目的は日本で勾留中の日本赤軍９名の「同志」の釈放・受け渡しであり、「果たされない場合は人質を順次殺害する」と日本政府に警告を送った。

日本中で議論が巻き起こるなか、福田赳夫首相は「人の命は地球より重い」と身代金６００万ドルの支払いと、超法規的措置として獄中メンバーなどの引き渡しを決断。バングラデシュ・ダッカ空港で身代金と獄中メンバーを引き渡し、人質全員が解放された。人道的処置だと賞賛があがる一方で、「日本はテロに屈す

9名のうち釈放に応じた6名がダッカ空港へ向かった

るのか」と国際的な批判も受けた。

この福田の苦渋の決断の理由は「乗客にアメリカ人がいたからだ」ともいわれている。その米国人は米銀行の頭取であり、時の大統領・カーターの親友だった。

事件に関わったハイジャック犯の何人かはその後拘束されたが、40年以上経つ現在も逃亡中のまま活動を続けるメンバーも少なくない。

（文／鈴木ユーリ）

めぐみさん「死亡偽装」に隠された北の〝最高機密〟

横田めぐみさん拉致事件

1977/11/15

［事件概要］

1970年代後半に相次いだ北朝鮮による日本人拉致。金正日がその存在を認め、一部の拉致被害者は帰国したが、日本人拉致事件の象徴ともいえる横田めぐみさんは、帰国どころか、その生存すらいまだ確認されていない。

事件から20年もの歳月のあとに

1977年11月15日。新潟県新潟市で中学校のバドミントン部の練習を終え、家路に向かっていた女子中学生・横田めぐみさん（当時13歳）が忽然と姿を消した。警察は誘拐事件として捜査にあたったが、目撃者・遺留品ともにゼロ。さながら神隠しのようだった。

そんな「消えた少女」の名が「拉致」という言葉とともに日本中をかけめぐったのは、それから20年後の97年。北朝鮮による拉致被害者の家族によって「北朝鮮による拉致被害者家族連絡会」が結成され、父・滋さんと母・早紀江さんがめぐみさんの名を公《おおやけ》にして政府へ救出を求めたことがきっかけとなった。

「拉致」は認めるも繰り返される不可解な対応

むろん、以前から「北朝鮮に拉致されたのでは」という疑惑はあった。が、北朝鮮や朝鮮総連が強く否定。1985年に北朝鮮の工作員として日本人の拉致に関わっていた辛光洙《シンガンス》が韓国で逮捕されたことや、その2年後に発生した大韓航空機爆破事件で逮捕された金賢姫《キムヒョンヒ》が、78年に拉致された田口八重子さんから日本に関する教育を受けたと証言したことで、ようやくマスコミ・政府が現実のものとして受け止めて動き出したのだ。

そして、滋さんたちが訴え始めてから5年が経過した2002年9月17日、小泉純一郎総理（当時）が北朝鮮を電撃訪問。初の日朝首脳会談で金正日総書記が

「拉致」の存在を認め謝罪。蓮池薫さんなど拉致被害者5人の帰国も実現し、解決へ向けて動き出したかのように見えたが、そこで新たな「謎」が浮かび上がってしまう。下校途中のめぐみさんを拉致し、工作船で40時間かけて平壌に連れてきたということは認めたものの、そこからの「消息」については「隠蔽」ともとれるような不可解な対応を繰り返したのだ。

めぐみさんの遺骨から別人二人のDNAが検出

北朝鮮は当初、めぐみさんは1986年、韓国から拉致されてきた金英男《キムヨンナム》と結婚し、翌87年に娘のキムウンギョンを出産したが、93年3月に自殺したと説明した（のちに94年4月に訂正）。しかし、これは明らかにおかしい。帰国した拉致被害者の一人である地村富貴恵さんが「94年6月にめぐみさんが隣に引っ越してきた」と証言していたからだ。さらに、土葬後の97年に火葬をしたという説明だが、そこで語られる火葬場は、複数の脱北者が99年にできたと証言している。

めぐみさんの「死」を偽装しているのではないか――。その疑惑にさらに拍車をかけたのが、2004年11月の日朝実務者協議を通じて日本側に引き渡された、めぐみさん本人だという「遺骨」だ。DNA鑑定の結果、別人二人分のDNAが検出されたのだ。

かの国がなぜ白々《しらじら》しい嘘をつくのかは皆目《かいもく》見当がつかないが、気になる「情報」がある。11年、韓国自由先進党議員の朴宣映《パクソンヨン》が、脱北者経由で北朝鮮高官から以下のような証言を得たのだ。

それによると、めぐみさんは現在も生存しており、「知ってはいけないことを知りすぎた」ため、ほかの拉致被害者のように帰国をさせることができず、偽の遺骨で「死」を偽装した――。

仮にこの証言が事実だとしたら、めぐみさんはいったい何を知ってしまったのか。金賢姫の証言にもあったような工作員教育に携わったことで、何かしらの国家機密にアクセスした可能性もあるが、もっと大きな「タブー」に近づいたからではないのかという意見もある。それは、現在の最高実力者・金正恩《キムジョンウン》朝鮮労働党委員長に関するものだ。

いまだに飛び交うさまざまな怪情報

母・高英姫《コヨンヒ》が病弱だったことから、金正恩の母親代わりを務めたのが、めぐみさんだったのではないかというのだ。たしかに、最高指導者の「養母」を日本に引き渡すことなどできるわけがない。認めることもできないなかで、「死」を偽装するというのは理にかなっている。

また、金正恩とめぐみさんの関係を示唆する人々のなかには、耳を疑うような話をぶちまける人間もいる。国際アナリストの飯山一郎氏は、『横田めぐみさんと金正恩』（三五館）のなかで、金正恩の実母がめぐみさんだということを詳細に述べているのだ。

トンデモ説だとあきれる方も多いだろうが、いまだにこのようにさまざまな怪情報が飛び交うほど、北朝鮮側の「横田めぐみ」の扱いは、ほかの拉致被害者と比較しても異常といわざるをえない。

彼女はあの国でいったい何を見たのか。

（文／窪田順生）

北朝鮮の拉致も疑われた行方不明事件の真相

足立・女性教諭殺害事件

［1978/8/14］

［事件概要］

1978年、一人の若い女性教諭が突如行方不明になった。北朝鮮に拉致されたのではないかという憶測もあったが、事件から26年後に意外な展開を見せた。犯人が自首してきたのである。だが、すでに公訴時効成立後であり、事件の真相はわからないままとなっている。

犯行から26年後に自首してきた犯人

1978年8月15日、足立区の小学校女性教諭の石川千佳子さん（当時29歳）はその日、小学校の当直当番となっていた。しかし、当日、彼女は学校に姿を現すことはなかった。小学校の校長は、何か急用で北海道の実家にでも帰ったのかと思い、家族に電話を入れたが、帰ってくる予定などないと、困惑した様子であ

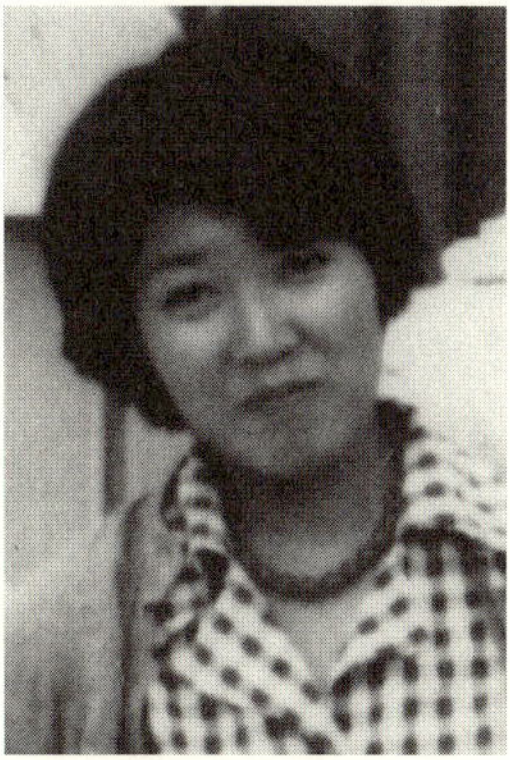
生前の石川千佳子さん

った。これはおかしいということになり、すぐに家族から家出人捜索願が出された。しかし、その後も行方はまったくわからずじまいだった。

石川さんの行方がわからなくなってから、北朝鮮の拉致問題が大々的に報じられると、家族は藁《わら》にもすがる思いで、2003年には特定失踪者リストにも名前を載せた。

しかし、石川さん失踪事件は思わぬ形で決着する。事件から26年後の04年8月21日、石川さんを小学校で最後に目撃した用務員の男が、警視庁綾瀬警察署に自首し、彼女を殺害し、自宅の地下に埋めたと語ったのだ。

自首してきた本当の理由

男の供述に基づいて、翌日、足立区内の自宅のあった場所を捜索したところ、

1階和室の床下約1・1メートルから防水シートにくるまれた石川さんとみられる一部白骨化した遺体が見つかった。男の供述によると、1978年8月14日午後4時30分頃、校舎の廊下で石川さんと口論となり、口をふさぐなどして殺害、自宅まで遺体を運び、妻が外出している間に床下に埋めたという。すでに公訴時効の15年が成立しており、何の罪にも問われなかった。

そもそも男が自首したのは、後悔の念に苛《さいな》まれた末というわけでなく、自宅が区画整理によって立ち退《の》きを求められたことから、遺体が発見され、事件が明るみになることを恐れて自首したのだ。

その後、遺族が民事訴訟を起こし、男には4255万円の支払い命令が出されている。現在千葉県内に暮らす男は、判決後マスコミの取材にこうコメントしている。

「謝る気はまったくありませんから……」

犯人は自首したが、陰鬱な気分にさせられる事件である。（文／八木澤高明）

「山口組のドン」を撃った男を〝始末〟したのは――

六甲山中・鳴海清殺害事件

［1978/9/17］

［事件概要］

1975年7月から3年以上にもわたって大阪周辺で続いた三代目山口組と二代目松田組の抗争、いわゆる〝大阪戦争〟。その最中に六甲山中で発見された遺体は、山口組のドン、田岡一雄組長を狙撃した犯人だった。

六甲山中で見つかった白骨遺体

1978年9月17日、兵庫県の六甲山中において、ガムテープを何重にも巻かれた遺体が発見された。猛暑で遺体の腐乱が著しく、一部は白骨化していたため、指紋を検出することは不可能だった。そのため身元の断定は困難を極めたが、10日目にして背中に彫られた天女の刺青《いれずみ》が判別できたことで、二代目松田組の傘下組織「大日本正義団」の幹部だった鳴海清（当時26歳）と判明する。
この鳴海こそが、2カ月前に三代目山口組の田岡一雄組長を京都のクラブで狙撃したあと、行方をくらませていた男だった。
「鳴海が所属する二代目松田組は大阪の博徒組織で、75年7月に大阪・豊中市で開いた賭場でのトラブルから、傘下組織組員が山口組系傘下組織組員3人を射殺するという事件を起こしたんです。これを皮切りに山口組対松田組の『大阪戦争』が勃発。各地で報復戦が繰り広げられました」（当時取材した元大手紙社会部記者）
その後、76年10月には大阪市内で大日本正義団の吉田芳弘会長が山口組系組員に射殺される。吉田会長に心酔していた鳴海は、遺骨をかじって敵討ちを誓う。そして、「山口組のドン」である田岡三代目に狙いを定め、執拗にチャンスをうかがい、ついに京都のクラブで引き金を引くのである。

激しいリンチを受けた跡も

奇跡的に軽傷ですんだとはいえ、田岡三代目を銃撃された山口組は激怒した。〝日本一の子分〟と称された山本健一若頭は自ら陣頭指揮に立ち、松田組に対する一斉報復を開始。わずか3カ月の間に松田組系幹部ら8人を射殺したのだ。

「その最中、鳴海の遺体は発見された。鳴海は逃亡中、松田組と関係が深い独立団体に匿《かくま》われていたが、山口組による怒涛の攻撃に嫌気が差した独立団体の組員らによって殺害されたとして、のちに裁判が開かれた。だが、殺人罪については組員らの無罪が確定している」（ベテラン司法記者）

ほかにも、抗争を早く終わらせるために鳴海は山口組側へ差し出されたとの話もある。事実、鳴海の手足の爪はほとんど剝がされ、体中に火傷の痕《あと》が残っているなど、激しいリンチを受けた痕跡があったのだ。

しかし、すでに時効を迎え、鳴海殺害の真相はいまや永遠の謎となってしまった。

（文／本郷海）

山中で殺された二人の主婦と〝第三の主婦〟の関係性

長岡京・殺人事件

［1979/5/23］

1979年5月、京都府長岡京市内のスーパーでパートの仕事を終えた主婦二人が、近くの山にワラビ採りに行ったまま消息不明となり、2日後に遺体となって発見された。

それぞれ数十カ所殴られた跡があり、Aさんの遺体には包丁が突き刺さっていた。Bさんの衣服からは走り書きが見つかった。

「オワレている　たすけて下さい　この男の人わるい人」――。

「たすけて下さい　この男の人わるい人」

一人は絞殺、もう一人は刺殺と死因が違うことから複数犯の犯行が取り沙汰されたが、二人とも逃亡防止のためかアキレス腱を切られており、単独犯の可能性が高まった。何人もの男が捜査線上に挙げられたが、有力な手がかりがつかめないまま時効が成立した。

事件には後日談がある。実はワラビ採りにはもう一人の主婦が同行しており、急用で下山して難を逃れた。だがその5年後、自宅でメッタ刺しにされ、家ごと放火されて死亡した。

警察は両事件の関連性を認めていないが、この事件の犯人もまた未逮捕のままである。

（文／鈴木ユーリ）

二人の遺体が発見された現場

第四章

80年代から世紀末までの未解決事件

ラブホ街で語り継がれる〝伝説の事件〟

歌舞伎町・ラブホテル連続殺人事件

1981/3/20
〜6/14

［事件概要］

日本一の繁華街・歌舞伎町にあるラブホテル街で、連続して3件の女性殺人事件が発生した。歌舞伎町という特殊な状況のなか、事件は時効を迎えたが、住民たちの間で事件は伝説として語り継がれている。

ラブホテルの一室に女性の死体が

キーワードはラブホテルという「密室性」か、それとも繁華街が持つ「魔性」なのか。歌舞伎町にある3軒のラブホテルで女性が殺害される事件が発生したのは1981年のことだった。〝第1の事件〟は3月20日。歌舞伎町二丁目にあるラブホテル「ニューエルスカイ」（現在は廃業。ほかの2件も同様）の一室で、チェックアウトの時間が迫っても応答がないことを不審に思ったスタッフが部屋を開けたところ、女性の死体を発見、死因は絞殺だった。また、一緒に入室した男性はすでに退室していたという。その後の調べで、女性は歌舞伎町のホステスで45歳と判明したが、容疑者とみられる男の身元は杳《よう》としてわからなかった。

〝第2の事件〟は約1カ月後の4月25日午後10時頃。同じく歌舞伎町にあるラブホテル「コカパレス」で、入室した約1時間後に男女のうち男が先に退室。そのとき、男が利用料金を支払わないで出ていったこともあり、スタッフが部屋を確認したところ、若い女性がパンティストッキングで首を絞められた状態で絶命していた。

歌舞伎町二丁目のラブホテル街。何が起こってもおかしくない雰囲気が漂っている

〝第3の事件〟は6月14日、「東丘」というラブホテルで

起きる。午後6時30分頃入室した男女のうち、またもや男が一人で退室。従業員は前の2件が頭をよぎったのだろうか、残された女性に確認にいったところ、やはりパンティストッキングで首を絞められている状態で発見された。女性は病院に運ばれたのち、死亡と判断される。

この第3の事件の被害者は、のちに川口市に住む17歳の女性と判明したが、第2の事件の被害者は身元不明のまま、現在に至っている。

防犯カメラもなく「匿名性」を担保できる

この連続した三つの事件の被害者には共通点がある。それは司法解剖の結果、体内から覚せい剤が検出されたということ。それも、注射痕はなかったため、経口からの服用が有力とみられた（当時、〝あぶり〟という使用方法は少なかった）。

犯行状況から同一犯の可能性が高いとみられていた。それにもかかわらず、この連続殺人はお宮入りとなってしまう。

いくつかの要因が考えられるが、その一つに挙げられるのが、ラブホテルという特殊な環境である。当時はいまほどラブホテルが「一般的」ではなく、いきずりの情事、不倫、そして風俗関係者などが利用するもの、という意識も少なかった。そのために、セキュリティ面よりもプライバシー重視、匿名性が求められる傾向にあった。防犯カメラが設置されていなかったことはその顕著な例だろう。

そしてもう一つが、歌舞伎町自体の特殊性である。いまも昔も、この街に魅惑される人間は多種多様であり、地域性はもちろん、国籍すら問わない。夜間人口が極端に多い、どこかキケンな匂いのするこの街では何が起こってもおかしくない、というイメージが定着している。実際にこの殺人事件も被害者と加害者を結びつける線はないに等しく、しいていえば男と女というだけ。捜査が難航するのも必然といえた。

あの事件はまだ「生きている」

結局この3件の殺人事件は、15年後の1996年に時効が成立している。その後、世間一般的には「歌舞伎町ならさもありなん」とばかりに事件は風化していく。が、当の歌舞伎町住人たちにとってはこの連続殺人は大きなインパクトだったとみえ、それが街独特の口伝《くでん》として残っていくことになる。とくにラブホテルを利用する頻度が高い風俗嬢、ホステス、ホストなどの間では、40年以上たったいまでも事件のことは周知のネタだ。また、現在の口伝とでもいうべき、SNSや繁華街専門の掲示板などでは、ことあるごとに書き込みが続けられている。そして、ときにまたそれは「怪奇現象」などの都市伝説的風評を伴った。

そのことが顕著に見られたのが、2016年1月7日に歌舞伎町で起きた「ホテルまつき」での火災だ。なんとこのホテルがかつて連続殺人舞台の一軒だった、という話が歌舞伎町住民たちのなかで流れ、マスコミもそれを後追いしたのだ。そう、彼ら住民たちにとって、あの事件はまだ「生きている」のである。

ちなみに、「まつき」の火災では63歳の女性が一酸化炭素中毒で死亡しているが、住民の間では、その女性は「歌舞伎町に生きる〝商売仲間〟」というのが定説だ。

（文／鈴木光司）

事件後も火災現場に漂い続ける被害者の〝怨念〟

ホテルニュージャパン火災事件

1982/2/8

死者33名の大惨事。その後も続いた「怪奇現象」

死者33名を出し、日本中を震撼させたホテルニュージャパン火災事件。昭和史に残る大惨事の陰では不吉な噂が囁かれていた。

コスト削減のために消防設備を設置しなかった経営者の横井秀樹は禁固3年の実刑判決を受け、ホテルは倒産。その後、ホテルは14年間にわたり取り壊されることなく放置され続けた。東京の中枢、赤坂の一等地にもかかわらず。

相次ぐ不法侵入者のために配置された警備員は、みな長くもたずに辞めていった。フロアをうろつく白い影や、「熱い」「助けてくれ」と叫ぶ声に悩まされたからだといわれている。

かつてのホテルニュージャパンの姿

そもそも敷地はその昔、二・二六事件で将校たちが立ち寄った料亭「幸楽」の跡地。千代田生命が再開発に着手したものの、2000年に経営破綻し、呪われた土地はエアポケットのように大都会の真ん中に存在し続けたのだった。

その後、外資が買い取り、現在は高層ビル「プルデンシャルタワー」が立っている。伝えられる心霊現象は、いまのところまだない。

（文／鈴木ユーリ）

若者を魅了する街に潜む〝甘い言葉〟と〝危険な毒牙〟

歌舞伎町・ディスコ殺人事件

［1982/6/6］

［事件概要］

暴対法や警視庁による浄化作戦など一連の取り締まりで、近年は怪しさが見えなくなった歌舞伎町。かつては一歩足を踏み入れるのさえ躊躇するほど、危険な街だった。1982年6月6日、その歌舞伎町で、若者に人気だったディスコを舞台として事件は起きた。

ナンパされた歌舞伎町から向かった先は……

1982年6月6日の早朝から午前中にかけて、千葉県千葉市横戸町（現・千葉市花見川区）の国道16号線近くで、茨城県出身の中学3年生の女子（ともに当時14歳）二人が若い男性に襲われ、一人が死亡、一人が軽傷を負った。

被害者の二人はディスコで知り合った女友達の家に数日前から泊まり込んでお

り、また事件当日も歌舞伎町のコマ劇場（現・TOHOシネマズ）近くにあったディスコ「ワンプラスワン」やゲームセンターなどで遊んでいたところを20代前半と思われる男性に〝ナンパ〟され、その後ドライブに連れ出されて被害にあったのである。

非難の矛先がそれた世間の論調

殺害されたNさんの死因は、右の首筋を鋭利な刃物で切り裂かれたことによる失血死。解剖の結果、アキレス腱も切られていることが判明した。車中で寝ていたもう一人の中学生AさんがNさんのいないことに気づいたところ、「散歩にいかないか」と男に車外に誘い出され、頭などを殴打されて失神する。やがて、目覚めたAさんは近くでNさんの遺体を発見。大きな悲鳴をあげる彼女に通行人が気づき、事件は発覚した。犯人と思われる男はすでに車で逃走したあとだった。

事件現場が千葉の屋外であるのにもかかわらず、ディスコ殺傷事件などと呼ばれるのには理由がある。Aさんの証言で男は自称・大学生、品川ナンバーの小豆色のスポーツカーに乗っていたなど、犯人像は絞られていき、一時は有名大学の学生などの名前も挙がったが、警察は犯人を特定できなかった。また世間の論調も、翌6月7日の読売新聞朝刊が「ヤングの遊び場　非行の温床にも」などと見出しをつけたことが象徴的であったように、猟奇的ともいえる凶悪犯よりも、14歳の中学生が深夜までたむろしているという若者行動とそれを受け入れる繁華街に、非難の矛先が移ってしまっていた。

右側手前のビルがTOHOシネマズ。ゴジラの向こうに事件の発端となった「ワンプラスワン」があった

　このため、犯人の背景には強力な有力者がいるのでは？という噂も囁かれたが、それはしょせん、確証になりえる話ではない。結果的に犯人は逮捕されないまま、公訴時効を迎えている。

（文／鈴木光司）

あと一歩で首相だった男が死を選んだ「謎」

中川一郎代議士怪死事件

1983/1/9

憶測を呼んだ不可解な死

1983年1月9日早朝、自民党の大物政治家・中川一郎氏が、札幌市内にあるホテルの浴室で死亡した。死因は急性心筋梗塞とされたが、2日後に「首吊り自殺」と変更された。前年に総裁選にも出馬し、「北海のヒグマ」と呼ばれた中川氏の不可解な死に、さまざまな憶測が飛んだ。全日空からの闇献金疑惑、中川氏自身のソ連スパイ説から囁かれる謀殺説。自殺方法が一般的でなかった座位の首吊りであり、遺体検証も十分でなかったことも噂に拍車をかけた。

当時秘書を務めていた鈴木宗男氏が2010年に発表した手記によると、中川氏は総裁選落選後に鬱状態に陥り、「俺はやられる」と被害妄想に襲われるよう

中川一郎氏の一周忌法要

になっていたという。

だが、それは本当に「妄想」だったのか。

中川氏は死亡推定時刻の1時間前、事務所の幹部に電話をしていた。だがその途中で「やぁ、やぁ」と誰かに呼びかけたまま突然電話を切ってしまったという。部屋に入ってきた人物が誰だったのかは、いまだ判明していない。

（文／鈴木ユーリ）

缶ジュースの飲み方を変えた〝毒入り〟飲料

パラコート殺人事件

1985/4/30
~11/24

置き去られた缶ジュースを飲んだ

缶ジュースの缶蓋《かんぶた》がプルタブ式になった理由を、あなたは知っているだろうか? 1985年4月、広島県でトラック運転手が自販機の上に置かれていたオロナミンCを飲み、数日後に怪死を遂げた。解剖の結果、体内から検出されたのは除草剤「パラコート」。それから半年あまりの間に、北は宮城県から南は宮崎県まで、全国でドミノのように次々と犠牲者が出た。

手口はすべて同様で、自販機にパラコートを混入させたジュースを置いておき、前の利用者が忘れていったジュースと思って飲んだ人間が死亡する。当時の缶ジュースの缶蓋は、未開封かどうかが判別しにくい構造だった。これによる死者は

13名。模倣犯や自演事件も多数発生し、深刻な社会問題となった。

だが、当時防犯カメラもなく、物証もほとんど残っていなかったため、犯人の特定はおろか、事件の全貌もわからないまま時効が成立した。事件後に変更されたプルタブ式の缶蓋は、この残虐な無差別毒殺事件の残滓《ざんし》なのである。

（文／鈴木ユーリ）

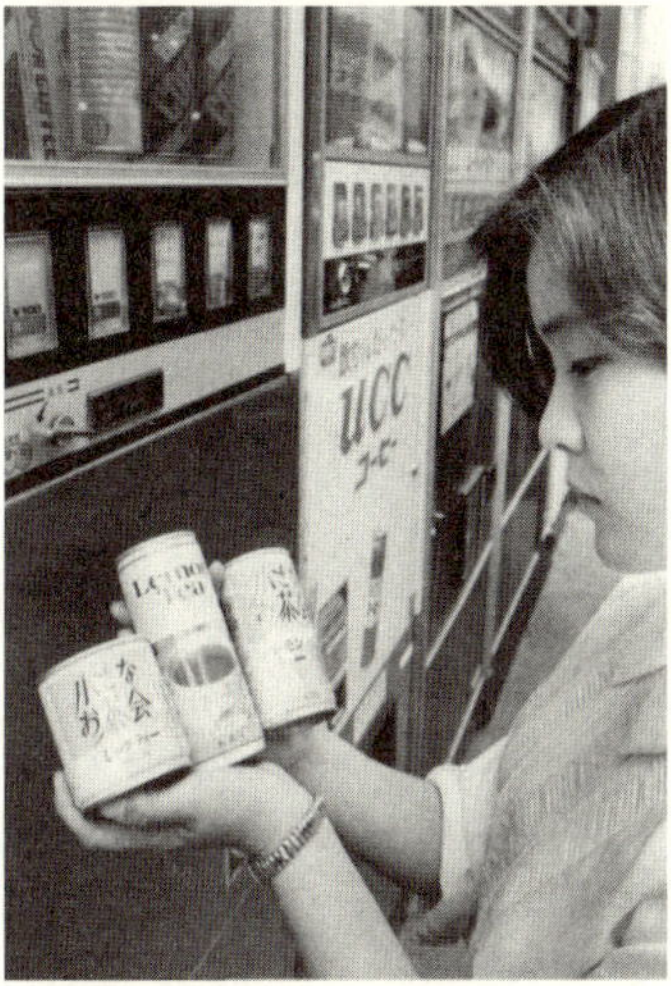

毒入りジュースは取り出し口の中にも入れてあった

用済みの子供は即殺害……誘拐犯の〝残忍性〟

群馬・功明ちゃん誘拐殺人事件

［1987/9/14］

1987年9月14日、翌日が祝日とも知らずに多額の身代金を要求した誘拐犯。誘拐事件の捜査に慣れていない警察が犯した凡ミス。事件は最悪の結果を迎えることになる。そして、犯人は身代金を受け取らないまま消え去った――。

［事件概要］

「元気、これから帰るよ。おまわりさんと一緒」

1987年9月14日、群馬県高崎市筑縄町《つくなわちょう》で消防署員Aさん（当時43歳）の長男・功明《よしあき》ちゃん（同5歳）が自宅前から突然姿を消した。焦燥した家族の元に同日夜かかってきた電話は、功明ちゃんの身代金を要求する誘拐犯の男からであった。

電話は3回。1回目は現金2000万円を用意しなければ、功明ちゃんを殺害するというもの。そのおよそ1時間後の午後7時47分頃と8時過ぎにも電話があり、この日最後の電話口には功明ちゃん自らが出て、「元気、これから帰るよ。おまわりさんと一緒」と話した。

1回目の電話のあと、家族は警察に通報。その後の電話は逆探知で臨んだが、通話時間が足りず犯人の居場所を特定するには至らなかった。この翌15日に警察は逆探知を引き上げたのだが、そのことが痛恨事となった。妙な話だが、当時は回線の都合などで長期間の逆探知は難しかったともいう。

4回目の電話を逆探知しなかった警察

犯人は声の感じから中年以上の男性と思われたが、それにしてはあまりにも場当たり的といえる犯行でもあった。その最たるものが、9月14日の夜に身代金を要求したこと。その頃、敬老の日の祝日は15日に固定されており、金融機関からの引き下ろしができないことは誰にでもわかっていたはずなのだ。そのためか、犯人からの4回目の電話——最後の電話は、祝日明けの16日朝8時前。中一日おくというあまりにもお粗末なものであった。そのときには要求が1000万円に下げられていたが、結論からいえばその日午後、功明ちゃんの遺体が5キロ離れた寺沢川から発見されるという最悪のケースを迎える。「ｉｆ」は禁句だが、最後の電話は逆探知が十分できる長さであり、前述のように捜査陣の手法には「?」もつく。

司法解剖の結果、死亡推定時刻は14日夜から15日午前10時頃と判断された。つまり、犯人は功明ちゃんを電話に出すと、それで用済みとばかりに殺害したのである。それも、生きたまま川に投げ込むという残忍な方法だった。

2002年に公訴時効が成立。群馬県警にとっては、戦後唯一の未解決誘拐殺人事件という不名誉だけが残った。この事件をモデルとしているのが、群馬県の地元紙である上毛新聞出身の作家・横山秀夫氏の小説『64』である。

（文／鈴木光司）

胎児を引きずり出し妊婦を殺した〝狂気〟

名古屋妊婦切り裂き事件

［1988/3/18］

引き裂かれた腹に電話機と車のキー

帰宅した夫が見たものはホラー映画のような異常な光景だった。１９８８年３月18日、愛知県名古屋市で妊婦が殺害された。無残に引き裂かれた腹に電話機と車のキーが突っ込まれ、血まみれの胎児が取り出された姿だった。胎児は奇跡的に一命を取り留めたが、犯罪史上まれにみるこの猟奇殺人の最初の容疑者は、第一発見者の夫だった。

だが、死亡推定時刻に職場にいたためにアリバイが成立。次に警察は、妊婦に最後に会ったマルチビジネス仲間の女性に狙いを定めたが、彼女にもアリバイが存在していた。

妊婦が殺害されたアパート周辺を調べる捜査員

だが、通り魔的な犯罪だとしたらなぜ部屋に入り込めたのか。階下に住む女性が同日に見知らぬ怪しい男が訪ねてきたというが、犯人の血液分析は女性。そして腹を引き裂くという異常性と、胎児を傷つけず腹を切り裂き、指紋も残さない手慣れた手口――。

怨恨とも快楽殺人とも判断のつかない凶行に捜査は難航し、犯人の足どりもつかめないまま2003年に時効が成立した。

（文／鈴木ユーリ）

足利事件

「冤罪」の陰で犯行を繰り返す〝作業服姿の男〟

1990/
5/12

［事件概要］

栃木県足利市で起きた幼女誘拐殺害事件で、警察の強引な取り調べと稚拙なDNA鑑定により、無実の菅家利和さんが犯人として逮捕・起訴された。冤罪事件として世間の注目を集めたが、菅家さんが釈放されたとき、事件はすでに時効を迎えていた。

冤罪を生んだ警察のずさんな捜査とDNA鑑定

栃木県足利市を流れる渡良瀬川《わたらせがわ》の河原で、松田真実ちゃん（当時4歳）の遺体が発見されたのは、1990年5月13日午前10時20分頃のことだった。遺体は河原のアシの茂みに頭を突っ込むように投げ捨てられ、真実ちゃんの赤いスカートやTシャツ、サンダルなども現場付近で見つかった。衣服には犯人のものと思われる精液が付着し、遺体の首には絞められた跡があった。

事件から1年半後に菅家利和さんが逮捕されたが、DNA鑑定により無罪が証明され、2009年に釈放された。それにより警察のずさんな捜査に批判が集中したのは記憶に新しい。

真犯人はいまもどこかに息を潜めているわけだが、松田真実ちゃんが連れ去られたパチンコ店の周囲では、事件発生前から不審な男の姿が目撃されていた。事件発生の前日にも、パチンコ店に隣接する幼稚園の周りを、身長165センチほど、丸顔、無精ひげを生やし、作業ズボンをはいた男がうろついているのが目撃されている。この男は1年ほど前にも幼稚園を訪れて、園内を覗きこんでいたという。

足利事件から6年後に発生した行方不明事件

真実ちゃんは、殺害された12日の午後6時半頃、父親とともにパチンコ店を訪れ、父親がパチンコをしている間に何者かに連れ去られた。

パチンコ店からほど近い渡良瀬川の河川敷を40代の男と連れ立って歩いている姿を、近くでゴルフをしていた男性が目撃している。パチコン店周辺に現れた男と、真実ちゃんと一緒に歩いていた人物は同一人物なのか。

遺体が発見された渡良瀬川周辺

足利事件から6年後には、群馬県太田市内のパチンコ店から横山ゆかりちゃん（当時4歳）が連れ去られ、いまだに行方不明である。この事件でも、パチンコ店の防犯カメラに身長158センチ前後で、ニッカボッカをはいて、パチンコをするでもなく何かを物色するように歩く男の姿が防犯カメラに映っていた。

ほかの角度から映された映像には、ゆかりちゃんと長椅子で話し込む姿が映っている。足利事件と横山ゆかりちゃん事件、作業服姿の男が両事件の重要参考人である。

（文／八木澤高明）

宗教指導者が下していた〝死刑宣告〟による犯行か

「悪魔の詩」殺人事件

1991/7/11

［事件概要］

1991年7月11日、筑波大助教授の五十嵐一さんがキャンパス内で殺された。五十嵐さんは、イスラム教徒を侮辱したとされる小説『悪魔の詩』の日本語版の翻訳者だった。この事件は、日本人のイスラム教に対する意識を大きく変えた。犯人は犯行後すぐに海外に逃亡した可能性が濃厚である。

ホメイニ師による死刑宣告

イスラム教徒を侮辱したとされる小説『悪魔の詩』日本語版の翻訳者で、筑波大学助教授の五十嵐一さん（当時44歳）が殺害されたのは1991年7月11日夜、人けのない夏休みのキャンパスだった。

五十嵐助教授が殺害されるきっかけとなった『悪魔の詩』は、88年インド系イギリス人のサルマン・ラシュディーによって書かれた。発売直後から預言者・ムハンマドやイスラム教徒を揶揄《やゆ》する記述に対して、イスラム教徒による焚書《ふんしょ》運動や抗議が殺到し、刊行の翌年には当時のイランの最高指導者・ホメイニ師によって、『悪魔の詩』の著者や関わった人物に死刑宣告が出された。イギリス警察は事態を深刻に受け止めラシュディーを厳重に警護。片や日本語版の翻訳者である五十嵐助教授の元にも脅迫の電話や手紙が届くようになっていたが、教授は意に介しているような素振りは見せなかったという。

『悪魔の詩』の作者でイギリス人作家のサルマン・ラシュディ

羊を殺すやり方そのもの

事件発生の前日には、中東系の

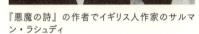

男二人が、五十嵐助教授の研究室のある人文・社会系棟7階を歩き回っている姿が目撃されている。事件当日、五十嵐助教授は午後9時以降に殺害されたことが、胃の内容物による状況によって明らかになっているが、普段、五十嵐助教授は午後9時以降に仕事をすることはほとんどなく、いつも8時には大学を後にしていた。さらには、2キロ離れた宿舎へは学生が運転する車かタクシーを利用していたというが、事件当日はタクシーを呼んでおらず、また迎えに行く予定の学生もおらず、普段の状況とは違った行動を取っていたことが明らかとなっている。

犯人は五十嵐助教授を背後から切りつけ、胸や腹部3カ所を刺したのち、最後に刃を首筋に当て頸動脈を切り裂いている。頸動脈から血を抜く切り方は、イスラム教徒が羊を殺すやり方そのもので、殺害方法からもイスラム教徒による犯行の可能性が高い。無宗教の国ともいわれる日本で起きた、宗教にまつわる犯罪であった。

（文／八木澤高明）

千葉・女子中学生誘拐事件

〝夜間パトロール〟と称して美少女を連れ去った中年男

1991/
10/27

［事件概要］

１９９１年10月27日、千葉県で中学生の少女が誘拐され、解決に糸口がみつからないまま、30年以上もの月日が流れている。誘拐された佐久間奈々さんは近所でも評判の美少女だったという。犯人は身長１５５センチの中年男とされるが……。

隙を見て公衆電話でＳＯＳ

２０１６年３月末、埼玉県朝霞市で行方不明となっていた当時中学１年生の女子生徒が、２年にわたり監禁されていたアパートから逃げ出し保護されるという事件があった。逮捕された寺内樺風被告（当時23歳）は、千葉大学工学部在籍時に少女を誘拐し、そのまま監禁していたのだった。

少女は常に逃げる隙をうかがいながら、寺内被告との生活を続けていた。2年もの間、家族や友人たちと離れ、自由を奪われていたことは、とてつもない不幸ではあるが、まだ親元に帰ってこられたことが不幸中の幸いであった。

というのも、30年以上前、千葉県で中学生の少女が誘拐され、いまだに解決の糸口が見えない事件が起きているのだ。果たして彼女はいま、どこでどう暮らしているのか。

身長155センチ小柄な中年男

近所でも評判の美少女だった佐久間奈々さん（当時13歳）が、千葉市の自宅で一緒に勉強をしていた同級生3人と、4キロ離れたコンビニまで夜食を買いに行ったのは、1991年10月27日午前0時過ぎのことだった。コンビニで買い物をした帰り道、4人は身長155センチほどの小柄な中年男に呼び止められた。男は夜間パトロールをしている指導員と名乗り、「こんな夜中に子どもたちだけで出歩いちゃだめじゃないか」と威圧した。男は奈々さん以外の同級生に帰るように言い、彼女だけを脇の細い道の方へと連れ去った。現場は民家が点在しているが、夜になると人けがなくなる寂しい場所だった。

その日の午前1時半頃には、通りがかった車の運転手が奈々さんと男の姿を目撃。そのあとも住宅地を午前4時頃、二人が歩いていたという目撃証言も出たが、奈々さんの足どりはそれからぷっつりと途絶えた。

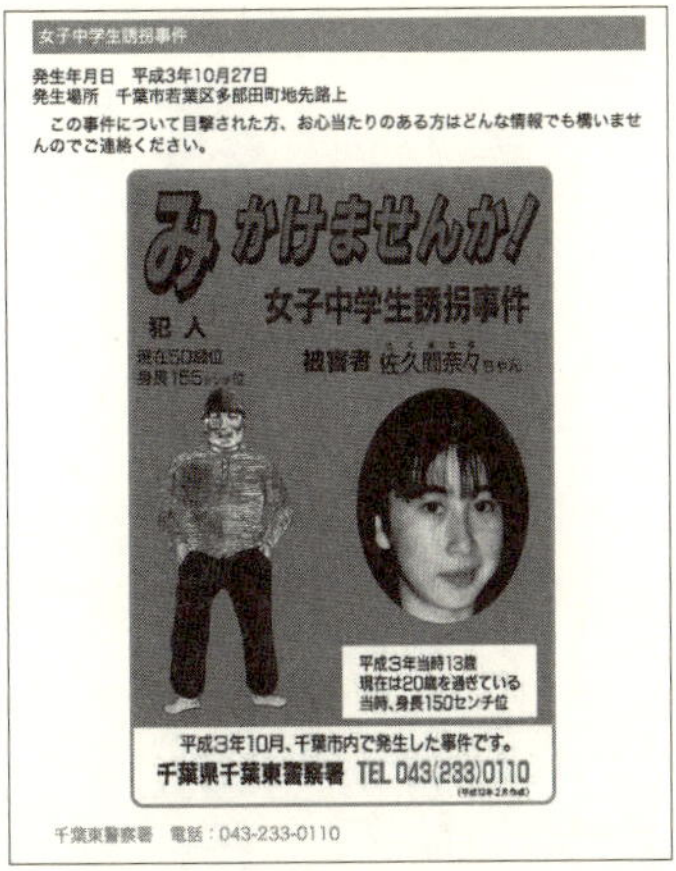

佐久間奈々さんに関する情報提供を呼びかける千葉東警察署のホームページ

奈々さんを連れ去った男は、その後どこへ消えたのか。事件からすでに34年の歳月が過ぎ、彼女は47歳になる。いまも千葉県警のホームページには情報提供を求めるポスターがアップされているが、奈々さんだけが当時の姿のまま、どこか悲しげな表情でこちらを見つめている。

（文／八木澤高明）

自殺か他殺か事故か——若者7人の〝連続不審死〟

熊取町・連続自殺事件

1992/
4〜6

［事件概要］

1992年の4月からわずか2カ月あまりの間に、7人の若者が次々と命を絶った。アガサ・クリスティーの小説『ABC殺人事件』ではアルファベット順に人を殺していき、本当に殺したかったのはそのなかの一人だけだったが、この熊取町の事件の真相はいかに。

日本のツインピークス事件

1992年、大阪府南部の熊取町で7人の若者が次々と命を絶った。何の遺書もなく、連鎖するように、それもなぜか必ず水曜日か木曜日に——。

最初は4月29日水曜日、町内在住の当時17歳の少年Aが池に落ちて溺死した。その1カ月後の5月29日にはB（当時17歳）がシンナー吸引中に急性心不全で絶命。さらに1週間後の6月4日木曜日にはC（同17歳）が自宅近くの小屋で自殺した。

事件の発端、少年Aが溺れ死んだとされる貯水池

彼らはみな同じ暴走族の仲間だった。残されたメンバーは「あいつらの分も頑張って生きていこう」と誓いあった。だが6月10日水曜日、葬儀に参加していた土木作業員のD（同18歳）が家の納屋で首吊り自殺、さらに1週間後、旅館従業員のE（同18歳）も首を吊っている姿で発見された。

死の連鎖はこれだけでは終わらなかった。6月25日木曜日、公務員F（同22歳）が森で首を吊り、さらにその1週間後、女子大生G（同19歳）がナイフで胸から血を流した状態で発見され、その後、息を引きとった。

警察は「事件性のない事故と自殺」と結論づけたが、世間が納得するはずもなかった。明確な動機も遺書もないまま、人口3万8000人の小さな町の1・2キロ圏内で、若者たちが必ず水曜日か木曜日に死を選んだというミステリアスな符合――。

死亡状況にも不審な点が多かった。Fは通常手が届かない高枝で首を吊っており、Eも両手を後ろ手に縛られ、何者かに吊るされたような格好で死んでいた。DとEは生前「白い車に追われている」と漏らしており、「シンナー中毒だった暴走族がヤクザから違法薬物を盗んだ報復で殺された」という噂が囁かれた。

最後の死者である女子大生のGも生前、「黒い車につけられている」と漏らしていた。彼女は発見時にはまだ意識があり、胸を押さえながら「違う、違う」と繰り返していたという。あるいはそれは「私はほかの人と違って自殺じゃない」という意味だったのか――。「日本のツインピークス」と呼ばれたこの連続自殺事件の謎を解いた者は、いまだいない。

（文／鈴木ユーリ）

借金抱えた〝自称・冒険家〟はオホーツクの空に散った？

風船おじさん事件

1992/11/23

SOSを発信したまま

檜《ひのき》風呂を改装した自作のゴンドラ風船に乗って、アメリカへ飛んだ男——。鈴木嘉和氏、通称「風船おじさん」。職業はピアノ調律師、自称・冒険者の鈴木氏は1992年11月、警察官の制止を振りきり、琵琶湖畔よりアメリカへと旅立った。冒険の目的は「危機にさらされたネバダ州の鳴き砂保護を訴えるため」。だが鈴木氏は多額の借金を抱えており、債権者には「帰還したら有名になって返済するから」とも話していたという。

ともあれ、ゴンドラ風船「ファンタジー号」で太平洋を横断するというあまりに無謀な試みに、周囲は当然猛反対したが、鈴木氏は計画を断行。飛行2日目までは無線で連絡が取れていたものの、「低気圧の墓場」オホーツク海でＳＯＳを発信して消息不明となった。

「北朝鮮に不時着して拉致された」「ロシア空軍に撃ち落とされた」「アラスカに漂着し生き延びている」などといった根拠なき憶測が流れたが、鈴木氏がロマンと悲しみを背負って空に消えていったことだけは間違いない。（文／鈴木ユーリ）

鈴木氏が乗った「ファンタジー号」

刺し傷15カ所、全身の血が抜かれた冷酷な殺害方法

茨城・元美容師殺人事件

1993/
1/13

［事件概要］

1992年、女優シャロン・ストーン主演の映画『氷の微笑』が日本でヒットを放った。その翌年、茨城県の田舎の林道で、メッタ刺しに殺された女性の遺体が発見された。映画と殺害方法が似ていたことから、その関連性も指摘されている。

交友関係からは容疑者が見つからず

茨城県新治郡《にいはりぐん》八郷町《やさとまち》（現・石岡市金指《かなさし》）の林道で、元美容師の谷嶋美智子さん（当時22歳）の遺体が発見されたのは、1993年1月13日夕方のことである。胸や首に15カ所の刺し傷があり、ほぼ全身の血が抜けていたことから、ほかの場所で殺害され、この場所に遺棄されたとみられている。

死体遺棄現場となった雑木林の中に打ち捨てられていたセーター

谷嶋さんは自動車の免許を取得するために、1カ月ほど前に美容院を辞めて、自動車教習所に通っていた。遺体で発見される前日の1月12日午前10時半頃、自動車教習所を出るところを指導員に目撃されたのを最後に、それ以降の足取りはぷっつりと途絶えた。

警察は彼女が15カ所も刺されていたことから、当初は怨恨による殺害を疑い、彼女の交友関係を重点的に調べ、十数名の男性が捜査線上に挙がった。しかし、彼女の交友関係のなかに犯人と結びつく人物はいなかった。その後、地元の暴走族などにも捜査対象を広げたが、やはり疑わしき人物は浮上しなかった。

死体遺棄現場となった雑木林のいま

当時、彼女が暮らしていた場所は、同県結城郡石下町《ゆうきぐんいしげまち》（現・常総市大沢新田）で、遺体となって発見された石岡市の現場からは直線距離で10キロほど、車であれば30分もかからない距離にある。現場からは乗用車や軽トラックのタイヤ跡、遺体が放置された斜面の3カ所からは靴跡などが見つかっているが、犯人逮捕に結びつく決定的な証拠は見つからなかった。

遺体発見現場は、筑波山へと続くフルーツラインと名づけられた県道から一本入った林道の奥にあった。雑木林の林道は、昼間にもかかわらず陽《ひ》がほとんど差さず、地面はジメジメとぬかるんでおり、不法投棄された瓶や家電製品が転がっていた。よく見ると、女性もののセーターも泥にまみれて捨てられていた。現場からはいまも、犯罪の匂いがぷんぷんと漂ってくるのだ。

まるで粗大ゴミを捨てるように谷嶋さんの遺体を遺棄した冷酷な犯人は、いまも市井《しせい》の人々のなかにまぎれている。

（文／八木澤高明）

デートスポットで発見された〝バラバラ〟遺体

井の頭公園バラバラ殺人事件

1994/
4/23

ゴミ箱の中のポリ袋から人間の足首が

まれに見る残忍な殺人事件が発覚したのは、１９９４年4月23日のことだった。東京西部のデートスポットとしても有名な三鷹市の井の頭公園で、清掃中の女性スタッフが偶然、ゴミ箱の中のポリ袋を開けたところ、中から人間の足首が見つかったのだ。

警察のその後の調べで、遺体はおよそ20センチ前後、27個に切り分けられていたうえ、手足の指紋まで削り取られていた。ＤＮＡ鑑定の結果、犠牲者は地元に住む一級建築士の男性（当時35歳）と判明。

遺体の一部から生前出血が認められたことなどから、交通事故による死亡説、

袋づめの遺体が見つかった井の頭公園のゴミ箱

複数による暴行説、怨恨説、あるいはカルト説なども疑われたが、どれも確証を得るまでには至らなかった。

　猟奇殺人ともいえる特異な事件なだけに、マスコミの注目が集まると思われたが、時はまさにオウム事件の真っ最中。異常な世相のなか、忘れ去られたように時間は過ぎていった。

　2009年4月23日に公訴時効を迎え、迷宮入りとなった。


（文／鈴木光司）

中国マフィアの抗争で歌舞伎町を変えた「青龍刀」

快活林「青龍刀」事件

1994/8/10

［事件概要］

1994年、中国マフィアの抗争で起こった殺人事件。かつて、歌舞伎町では中国人たちがわが物顔で歩いていた。中国マフィアたちが出身地に分かれて抗争を始め、ときには中国人同士による殺傷事件まで起こしていたのだ。その時代を象徴する事件である。

「青龍刀」ではなく「刺身包丁」だった

一時期、アブナイ街・歌舞伎町から本当に怖い街・歌舞伎町へと変貌させた事件の一つが、いわゆる〝青龍刀事件〟だ。1994年8月10日午後8時頃、歌舞伎町のランドマークである「風林会館」のすぐ近くにある路地の中華料理店「快活林」に中国人と見られる5人の男が乱入。刃物で店長を含む二人を惨殺した。

これはのちに映画や小説などに影響を与え、〝凶悪な中国マフィア〟というイメージを決定づけた出来事となる。

しかし、このイメージにはある種の思惑というか、バイアスがかかっていたようだ。それは事件の凶器は〝青龍刀〟であると（それゆえに「青龍刀事件」である）恐怖感を煽っているのだが、実際の凶器は、鋭利ではあるが刺身包丁などであったという。なぜ、「青龍刀」になってしまったのか。

「ニューカマー」の中国人による派閥争い

この事件の数年ほど前から、歌舞伎町でクラブから売春まで隆盛を誇っていた台湾人たちは往時の勢いを失い、その代わりに台頭してきたのが〝ニューカマー〟と呼ばれる中国人だった。留学生くずれや留学生を装った者、蛇頭《じゃとう》（スネークヘッド）と呼ばれるギャングたちの手引きで密入国した福建人などである。

彼らは正業につくのが困難で、その一部は歌舞伎町で飲食店、売春、中国人相手の賭博などに手を広げていった。彼ら中国人が、上海人、北京人、福建人など

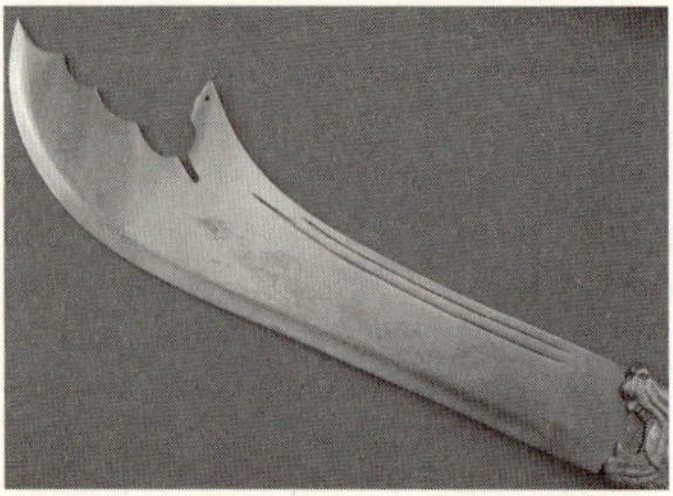

中国マフィアの武器といえば「青龍刀」というイメージだが……

地域ごとに分かれて徒党を組み、それが利権争いとなって激しさを増し、殺傷事件にまで発展したのである。この快活林事件でいえば、襲撃した側が上海人で、襲われた側は北京人であった。つまり、中国人マフィアがヤクザばりに何々派と分かれて抗争を起こすまで治安は悪化していたのである。

これにいち早く反応したのが警察などの治安関係者だ。実は「青龍刀」のくだりも、中国人マフィアの残忍性をPRするため、あえて錯綜《さくそう》する情報を当局がスルーしたという話もあるのだ。このほかにも実行犯は金で雇われた福建人という噂も根強く、いまだ事件の真相は明らかにされていない。

1999年、中国に〝厳しい〟石原都政が発足したことに伴い、彼らの勢力は衰えた。いまのところ、表立っては歌舞伎町で彼らの動きは見えない。

（文／鈴木光司）

口封じか報復か、バブルが生んだ金融の〝闇〟

住友銀行支店長射殺事件

1994/9/14

拳銃の扱いに慣れた〝プロの仕事〟

バブルに踊った日本社会が生んだ闇深い殺人事件。

1994年9月14日、住友銀行（現・三井住友銀行）名古屋支店長という要職を務めていた畑中和文さん（当時54歳）が、千種区《ちくさく》にある自宅マンションで射殺された。自宅がある10階のエレベーターホール近辺で眉間を打ち抜かれ、壁に寄りかかるように事切れていたという。

右目上から打ち込まれて後頭部を貫通した銃弾はただの1発。拳銃の扱いに慣れた……というより、明らかにプロの仕事だった。また、マンションがオートロックだったことなどからも、物取りなどの犯行ではない、と捜査当局も踏んだの

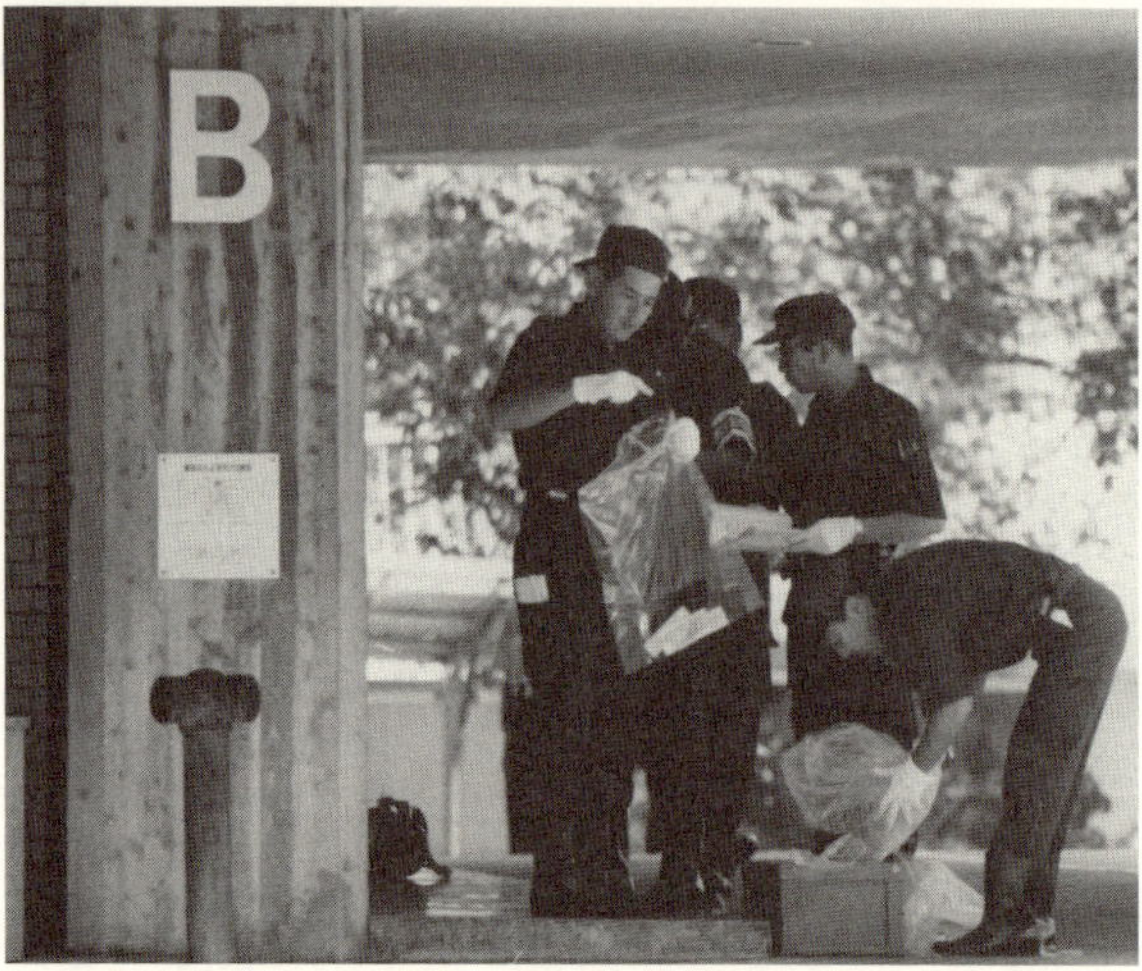

畑中さんが殺されたマンションの玄関を調べる捜査員

である。

果たして、2カ月後の11月、大阪にある住銀本店に当時73歳のKという男が犯行に使用された拳銃を持って「自首」してきた。しかし、当局はKが累犯者《るいはんしゃ》だったことや供述の曖昧《あいまい》さから、真犯人ではないとみて、銃刀法違反のみで送検した。出所直前、Kは病死。真相は葬り去られた。

住銀の不良債権をめぐる闇社会とのトラブル、というのが関係者の見立てだという。

（文／鈴木光司）

大人気子役タレントに届いた〝手紙爆弾〟の本当の狙い

日本テレビ郵便爆弾事件

1994/12/21

郵便物がいきなり爆発

１９９４年の年も押し迫った12月21日。東京・麴町にある日本テレビに、当時同局のドラマ『家なき子』に出演し、人気絶頂だった安達祐実宛に１通の封筒が届けられた。安達のマネージャーである所属事務所の男性が封を切ったところ、封筒は突然爆発、男性の指は吹き飛んでしまう。近くにいたスタッフ二人も軽傷を負った。当初、事件はタレント本人を狙ったものかとも思われたが、前年の93年にニッポン放送、翌年の95年に青島都知事宛てに爆弾が届けられていたこともあり、当局は愉快犯、あるいはマスコミや公権力を狙った思想的テロの線も視野に入れて捜査を行っていた。

そんなとき、青島知事の事件発生と同じ95年、サリン事件の捜査の最中にあったオウム真理教の信者から、安達への犯行をほのめかす供述が得られる。しかし、その供述の曖昧さなどから嫌疑不十分となった。結局、2009年に公訴時効が成立。凶悪な爆弾テロ犯が野放しにされる、という結末を迎えた。

（文／鈴木光司）

日本テレビ郵便物爆発事件で、床についた血痕を拭き取る関係者

目撃された怪しすぎる「三人の男」

柴又・上智大生殺人事件

［1996/9/9］

寅さん映画の舞台となり、多くの観光客が訪れる葛飾柴又で、1996年9月9日、陰惨な殺人放火事件が発生した。未来の希望に満ちあふれていた上智大生の小林順子さんが殺害された事件である。いまもまだ犯人逮捕のときを迎えていない。

［事件概要］

アメリカ留学を2日後に控え

東京都葛飾区柴又は帝釈天《たいしゃくてん》の門前町として古くから栄え、昔ながらの街並みと人情がいまも息づいて賑やかだ。それでも、帝釈天から少し離れれば静かな住宅街があり、4人家族の小林家が住む2階建ての家も、喧騒《けんそう》から離れた一角にあった。

1996年9月9日、この日、父親の賢二さんは出張中で、結婚を間近に控えていた長女も仕事で出かけており、午後3時過ぎに在宅していたのは母親と次女の順子さん（当時21歳）だけだった。

普段ならこの時間、家にいるのはたいがい母親一人だった。いつもなら学業やアルバイトに忙しい上智大学外国語学部4年生の順子さんは、翌年6月までの米国シアトルへの留学が決定していたため、2日後の出発を控え、9月から休学していたのである。

手足を縛られ口には粘着テープ

午後3時50分頃、パートに出かけようとする母親に順子さんは声をかけた。これが母親が見た順子さんの最後の姿となった。

「母親が玄関の鍵を閉めずに出かけたのち、午後4時半過ぎに小林家は炎に包まれます。異変に気づいた隣家が4時39分に119番通報。6時頃にようやく鎮火し、消防署員が室内を捜索すると、2階の6畳間で順子さんを発見しました。た

だちに病院へ搬送しましたが死亡が確認されたそうです」（大手紙社会部元記者）
順子さんの口には粘着テープが貼られ、両手両足も縛られ固定されていた。
検死解剖で首に6カ所の刺し傷が見つかり、死因は失血死と判明。傷口から類推される小型ナイフのような凶器は現場からは見つからなかった。
また、両腕にはいくつもの防御創が見つかり、激しく抵抗した様子がうかがわれた。さらに、気管や肺からはすすが見つからないことから、犯人は殺害後に火を放ったと考えられている。

事情聴取は1000人を超える

警察による現場検証や捜査で、順子さんが倒れていた部屋のタンスには預金通帳が残され、隣室にあった順子さんのリュックの中には留学に備えて10万円を超える現金やトラベラーズチェックなどがあったが、いずれも手つかずだったため強盗ではないと判断された。また着衣の乱れもないことから暴行目的の線も消えた。

学部内での成績がトップクラスだった順子さんの身辺についても捜査は進められた。だが、陰日向《かげひなた》なく接することで誰からも好かれ、多くの知り合いや友人に恵まれていた順子さんに恨みを抱くような人物は皆無だった。さらに、周辺住民、両親や長女の仕事関係先に至るまで、わずかでも順子さんと縁がある人には事情聴取が行われたという。その数は1000人を超えたが、不審な人物にはヒットせず、捜査は暗礁に乗り上げる形となった。

一方、不審者についての目撃情報も、少ないながら捜査本部に寄せられた。

「事件の3日くらい前、中年男性が被害者宅の近くの家に入り込んで追い返されるトラブルが発生していた。この男性は別の家の前でライターをいじる姿も目撃されている。また事件当日、出火したとされる午後4時半頃、激しく雨が降るなかを傘もささないで、被害者宅近くから柴又駅方面へ走り去った20代後半から30代前半の男性を見たという情報もあった」（元捜査関係者）

しかし、これらの人物については現在も特定できていないのが実状である。

犯人の動機が解明できず捜査員たちは混乱

また、現場の室内は焼けただれ、指紋や足跡も採取できない状況だった。「現場から物的証拠がほぼ得られず、次第に捜査本部は行き詰まりを見せていった。そして何より捜査員たちを混乱させたのは、犯人の動機が不明なことだった。強盗、婦女暴行、怨恨、どれかに焦点を絞って捜査を続けていくと必ず壁にぶち当たると嘆いていた」（前出とは別の大手紙社会部元記者）

こうして犯人の確たる動機がわからず、検挙もできないまま、事件発生から30年近くの月日が経過した。

事件後、長女は結婚し、順子さんの両親も転居して柴又から離れた。現在、小林家の跡地には地元消防団の格納庫が建っている。その敷地の一角に小さな祠《ほこら》があり、なかには「順子」と名づけられた地蔵がたたずむ。

両親が置いた柔和な顔の地蔵は、悲劇を二度と繰り返さないようにとの願いを胸に秘め、柴又の街を見守っている。

（文／本郷海）

夫はいまでも訴え──林死刑囚は「無実」か？

和歌山毒カレー事件

1998/
7/25

［事件概要］

1998年7月25日、和歌山市の園部地区で起こった惨劇。町内会の夏祭りで出されたカレーに毒物が混入していたのだ。ただ、この事件は林眞須美被告の死刑が確定し、すでに事件は解決済みである。だが、2024年2月再審請求が受理され、「冤罪説」が語られる事件でもある。

2009年4月に死刑が確定

町内会の夏祭りの日に出されたカレーが事件の発端だった。その日、67人が腹痛や吐き気などの症状を訴えて病院に搬送され、4人が亡くなった。そのなかには、10歳の男の子や16歳の少女も含まれていた。当初、カレーによる食中毒とみられていたが、死者が出たことから、事態を重く見た警察がカレーの成分を分析すると、毒物である「亜ヒ酸」が検出されたのだった。

事件で逮捕されたのは、同じ町内に暮らしていた林眞須美と林健治の夫婦だった。二人は保険金詐欺を繰り返し、健治氏は自らヒ素を飲み、障害者となって保険金を詐取していたことから、警察にマークされたのだった。眞須美は2009年4月に上告が棄却され、死刑が確定している。一方の健治氏は、保険金詐欺のみの罪状だったので懲役6年を言い渡され、05年に出所している。

眞須美は逮捕後から一貫して黙秘し、事件への関与を否定している。彼女は保険金詐欺は働いたが、町内の人間を殺す動機がないことからも、以前から冤罪説が唱えられている。

さらには裁判で出された間接証拠も完全なものではなく、カレー鍋の亜ヒ酸と林夫妻の家から見つかったものとでは成分が完全に一致しないことが、のちの検証でも明らかとなっている。

「すぐに帰ってくるから」

夫の健治氏は出所後、和歌山市内のアパートに暮らしながら、妻・眞須美の無実を訴え続けている。

「最初の動機が解《げ》せなかったんやね。近所のもんに言われて激高して、そんでこそこそ意趣返しして、それはないやろうと思ったんですよ。事件の前から、近所で犬が殺されたりとか、たんぼに毒流されて1年間米が穫れなかったり、そういうことがあったんですよ。ワシらが引っ越してくる前から、そういうヤツが園部にうろうろしているのに、保険金詐欺が出てきたんでこっちが犯人にされたんですよ」

逮捕の日の朝、のちに死刑が確定する林眞須美は夫の健治氏に「すぐに帰ってくるから」と言って、いまでは公園となっている家を出たという。

（文／八木澤高明）

大学入学3日目の悲劇、被害者周辺に〝外国人〟の影

筑波大女子学生殺人事件

［1999/5/3］

［事件概要］

1999年5月3日、筑波大学1年生の川俣智美さんの一部白骨化した遺体が発見された。被害者が姿を消したのは同年4月10日、入学からわずか3日後のことだった。遺体の発見場所は地元の人しか行けないような辺鄙《へんぴ》な場所。犯人はいまだ捕まっていない。

長身の外国人の男と歩いていた

「普段は地元の人間ぐらいしか来ない場所。まさかこんなところで事件が起きるとは思わなかったよ」

筑波大学1年生の川俣智美さん（当時19歳）の一部白骨化した遺体が発見された、茨城県つくば市高田の林からほど近い場所に暮らす男性が言う。

遺体が発見されたのは1999年5月3日のことで、靴下とパンティだけを身につけ、首にはブラジャーが巻きつけられていたことから、ほかの場所で殺害されて遺棄されたとみられている。

「イタリア人と食事に行くから、コンパには行けない」

同級生に電話でそう言い残してから、川俣さんが当時暮らしていた筑波大学の学生宿舎を出たのは4月10日の午後5時半頃のことだった。それから30分後、長身の外国人の男と歩いているのを目撃されたのを最後に、行方がわからなくなった。

事件解決のカギを握る外国人

その3日前にも川俣さんは、イタリア人に話しかけられたと友人に話していたことから、警察は外国人の男性が何らかの事情を知っているとみて、筑波大学のイタリア人留学生全員を調べたが、該当する者はいなかった。その当時、筑波大学の周辺では、女子大学生が外国人に声をかけられるというケースが10件ほどあった。犯人は留学生を自称する、付近に住む外国人の可能性も考えられた。

外国人が事件のカギを握っているとすれば、留学生の可能性は低くなる。というのも、死体遺棄現場は、川俣さんが最後に目撃された場所から車で走って30分ほどかかり、この地に長く暮らしている住人でないかぎり、たどり着くのは困難な場所だからだ。

被害者の遺体が発見された現場近くには、情報提供を呼びかける看板が

当時、つくば市内には正規に登録された外国人だけで5580人。それに不法滞在の者は含まれておらず、すべての外国人を調べ上げることも難しく、捜査は行き詰まった。

希望に満ちた大学生活がわずか3日で終わりを告げた川俣さんの無念を晴らすには、犯人を逮捕する以外にない。（文／八木澤高明）

本書は2018年に小社より刊行した『日本の「未解決事件」100の聖域』に
新たな原稿を加え、再編集したものです。

装丁／妹尾善史（landfish）
本文デザイン&DTP／株式会社ユニオンワークス
編集／小林大作　中尾緑子

宝島
SUGOI
文庫

昭和未解決事件史
(しょうわみかいけつじけんし)

2025年3月19日　第1刷発行

編　者　別冊宝島編集部
発行人　関川 誠
発行所　株式会社 宝島社
〒102-8388　東京都千代田区一番町25番地
電話：営業 03(3234)4621／編集 03(3239)0928
https://tkj.jp
印刷・製本　株式会社広済堂ネクスト

First published 2018 by Takarajimasha, Inc.
Printed in Japan
ISBN 978-4-299-06593-3

宝島SUGOI文庫　好評既刊

知れば知るほど感動する昭和の歴史100

別冊宝島編集部 編

昭和は激動の時代だった。太平洋戦争後は、政治を揺り動かす大規模なデモやストライキが頻発。その後の高度経済成長で日本は「ジャパン・アズ・ナンバーワン」と称賛された。その歴史のひとこまひとこまの裏には感動の物語があった。そんな心を揺さぶる昭和の１００の事件を紹介！

定価　７７０円（税込）

宝島SUGOI文庫　好評既刊

宝島SUGOI文庫

昭和の「黒幕」100人

別冊宝島編集部 編

昭和の時代、さまざまな黒幕たちが生まれ暗躍した。政界や財界に限らず、芸能界、球界など、金のなるところ、権力の臭いのするところで、彼らは蠢いていた。田中角栄、岸信介、笹川良一、池田大作、佐川清ほか、時代を思うがままに操ろうとした、昭和の黒幕たち100人を振り返る！

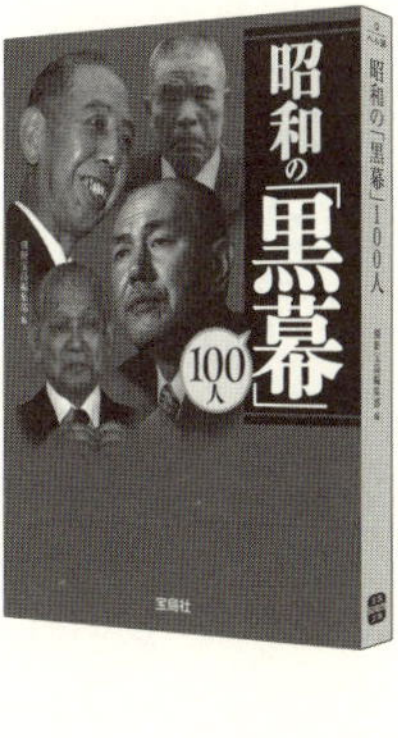

定価　880円（税込）